東山文集004

黃老師答問

佛法與人生百問答

黃勝常◎著

目錄

目錄

老前輩吳立民（信如）老師序

黃勝常先生近著《佛法與人生百問答》，在理論與實踐的結合上，闡述了「佛教的人生」與「人生的佛教」，對弘揚「人間佛教」很有裨益，對人生常遇的迷惑問題和疑難病症，應病施治，對症下藥，釋疑解惑，發人深省，值得一讀。

佛者覺也。佛是自利利他自覺覺他覺行圓滿的人。所以學佛必須先學做人。要作一個有覺悟有智慧的人，也必須學佛。六道之中，只有在人道中才能好好修行。佛是在人道中修成的，常言，「人身難得，佛法難聞，善知識難求」，所以人生是至爲寶貴的，我們應該愛護人生，覺悟人生，淨化人生，奉獻人生，做一個高尚的人，脫離低級趣味的人，有益於人民的人，一句話，在一生的實踐中，做一個有覺悟的人。

黃先生在書中講得好：「開啓自心的覺悟能力，讓自心放出覺性的光芒，叫『發菩提心』，又叫『發明心地』」。還說：「平常心就是眞如之心」，「這個『平常心』，這個『眞如心』，又叫『諸佛本心』，也就是一切衆生本具又迷失掉的『本心』」。書中講的這個「覺性」，「本心」，實質就是佛經中講的「本覺」，就是既無解脫亦無束縛的原始覺性，它是六道有情的內在光明，更是人生人性的本質潛能，它就是經論中常說的「如來藏」，它是法爾清淨的。

學佛就是要証如來藏，做人就是要發明心地，讓覺性的光芒照耀我們人生前進的道路，在生活中了生死，了生死在生活中，這便是「佛教的人生」，於人世間建淨土，建淨土於人世間，這便是「人生的佛教」。黃先生印可，即以爲序。

吳立民　新世紀第一清明節於北京

序者介紹

吳立民上師，一九二七年生，祖籍湖北陽新，號吳明，法號信如。現任中國佛教文化研究所所長兼研究員，中國宗教學會副會長。

他是當今唯一證「大阿闍黎位」的漢人上師，他法貫顯、密二宗（包括東密、藏密），學兼釋儒道三家。

他自幼從湖南長沙二學園掌法顧淨緣修學，深得乃師心要。平生博覽諸經，尤其精于《大日如來經》、《大般若經》、《大般涅槃經》、《藥師琉璃光七佛本願經》等顯密經典的法要解悟。

一九九四年陝西法門寺，佛指舍利塔地宮被重新發現，其中重要的「唐密曼荼羅」無人能解，結果還是得請吳老出馬完全破解其中奧秘。接著他又為法門寺地宮莊嚴設計，并為法門寺博物館，設計了唐密文化陳列館。此前，他還曾為北京佛牙舍利塔地宮，作了莊嚴設計。

他平日在中國佛學院當教授，帶研究生。多次應邀出國到法國、日本、新加坡、韓國等地講學。

除了忙於弘法講學，他也勤於寫作，可謂著作等身。他的大量寫作中，光是已出版的就有：《藏密大圓滿發微》、《印度古代學術思想述要》、《藥師經法研究》、《地藏經法研究》、《佛法禪定論》、《藏傳密教與人體科學》、《佛教與中國文化》、《唐密曼荼羅研究》、《船山佛道思想研究》、《周易象術研究》等。

上師不只忙於講、勤於寫，還大量地編。他是兩本重要佛學雜誌——《佛教文化》、《佛學研究》的主辦與主編。此外，他還主持編輯出版大部頭的佛學叢書——《佛藏輯要》和《中國佛教文化叢書》。

上師的學養和證悟，在佛教末法時期的今日，實在極為稀有難得，他待人卻又十分慈祥和藹，與後輩論法論學更是謙虛平易。

他的身體并不很好，還在百忙之中，為我們東山講堂出的每一本書，耐心作序。他老的序文，全無應酬文字，而是以法相接應、以道相導引，對後進提攜鼓勵的深心厚意，令人感動。

我們特此為文，向上師表達感激和敬意！

東山講堂編輯部敬識

二〇〇一年一月廿一日

黃老師序

敬愛的讀者：如果您已把本書翻到了這一頁，即使您過去不曾接觸到佛法，您也已經起了一定的佛緣，希望您能繼續看下去。這本書中提到的許多的問題，都是您曾經想過的，但可能是站在不同層面，或不同角度去想的。

那麼，這本書就爲您提供了一些新的切入點，或許能幫助您從不同的方位，不同的高度去重新看待一些人生重要的問題。

倘若在本書中您發現到某些問題是您從來不曾想過的，可能您會願意去探究一下新的領域和境界，如果是這樣，我將感到十分欣慰。

有的讀者早已深結佛緣，那麼筆者就以這本書與您更結善友之緣。

這本書將一些生命中常遇到的疑難，企圖依佛法的正知、正見、正覺來進行開解，但由於我個人的智慧微淺，自心還有大量的妄知、妄見、妄覺，以及不知、不見、不覺，其疏漏錯謬之處一定很多。

這就需要更多的善友出來爲我開示指正，幫我發露盲點，幫我提昇認識和覺悟，如能達到這個目的，則令我不勝感激之至。

另外，或有善友於此書能產生一些會心的共鳴，並與我們一起繼續展開更深廣的共同探索，我則大大歡喜！

這些問答是我近兩年來與各界朋友討論——包括面談和通信中蒐集整理出來的，都是眞人眞事。

講堂的同學吳江南、梁緒華、雷靜、高繼梅、朱正紅、黃昌瑛幾位，花了不少的工夫，從過去的紀錄之中，把這一百個題目的問答編整出來，我對答案方面儘管還有許多不滿之處，但這一百個問題卻都很具有普遍的代表性，光是這一點，就開啓我們繼續往前探索之門。感謝

諸佛菩薩護念！

諸方善友支持！

勝常

二〇〇一年三月二十四日

識於美國華盛頓州雲霓山東山講堂

一、問：

什麼是物質快樂？什麼是精神快樂？

◎答：

假若眞有所謂的「物質快樂」這回事兒，這物質也得靠咱們的精神去聚集、應用才能產生快樂吧？而快樂是一種精神狀態，因此，也必須是由精神去感受、享用吧？退一萬步說，就算假定有物質的快樂這種事，也絕不可能有快樂的物質！

不快樂的精神會把一切可能導致快樂的物質變成刀刺毒藥。譬如害怕社交應酬的人穿著大禮服，吃著國宴。

快樂的精神能把「不快樂」物質變成値得快樂的，譬如發心修道的人穿著壞色衣，吃乞討來的摶食。

佛陀說：「一切萬法皆無自性，以何爲自性？以心爲自性。」（《華嚴經》）

一切物質都是沒有自性的，是苦是樂、是善是惡，都是由我們的精神，也就是我們的心所賦予的。

經常記得這一法，就能經常看住自己的心，不要放縱它起惡，也就不去自討苦吃，這樣我們就會漸漸光明、善良、快樂起來。

二、問

為什麼不管窮人、富人、官人、普通人都視財如命？

◎答：

我們都認爲：錢財是養身之資，而有了財與身才能去執行世間作人的使命。因此，認爲錢財愈多，「身」和「命」就愈好，因此把錢和身、命劃上了等號，就變成視財如命了。殊不知「身、命、財」是三不堅法，都是不傷自傷、不毀自毀之法。

錢財這玩意積多了不花，只能使自己變成個守財奴，時時活在提防別人來偷搶騙的恐怖之中。倘若花錢而沒花對地方，不只不能惠利包括自己在內的任何人，只能造成傷毀而已。

錢這玩意絕不是我們想像得那麼美好，越多越好。經常是越多越煩惱。

三、問：為什麼老人脾氣和性格那麼難改？

◎答：

老人們都自認存活下去的資糧越來越少，又多不信有來世。有了這種想法和觀點，最怕的就是「改」，因爲他們心裡已認定，任何的改變，對他們而言，都只能是越改越弱、越改越少，越改就越快接近死亡。

老年人以自己親身的經驗知道，年輕人盡管嘴裡孝順，心中實在對老病死十分無力，只想逃避。這樣就更加感到孤寂隔絕而且恐怖，在別人眼中則是一種自我封閉，難以溝通。

請試著爲他們想想，不曾皈依三寶，不曾依正法調發自心實力，不知死後去處的老人們，每天面對著年輕人的不耐，和自己的恐怖，還能作些什麼？他們所剩下的只有兩件事：「維護」這即將毀壞的身體和一些目前還能堅持的習氣罷了。對此二者當然不許改變，連一點兒也不許改！

四、問：

黃老師，您常強調學佛的人，心門一定要打開，我喜歡到處跑跑、看看，算不算是打開了心門？

◎答：

古人說：「行千里路，讀萬卷書」。其實這並不是什麼眞理，有許多全世界跑遍了的人，也有不少書讀得很多的人，照樣是鼠目寸光，心量狹劣。有時反而人越跑越奸滑，書越讀越蠢。

把心門關閉起來的人，跑遍世界，博覽群書都沒用，可能還有害處。

古人說：「君子坦蕩蕩，小人常慼慼。」這「慼慼」兩字，指的是一種幽怨不開朗的情操和表現，正是世俗小人與女人所常有的，也正是憋了一肚子委屈的外現。這就是心門打不開的寫照。

惠能大師譏笑法達的名號時說：「法達，法達，法即甚達，汝心不達。」說的就是學佛的人必須要打開心門的道理。

因為，學佛的人心門不打開，即不能與眞理相應，更無法於法通達。所以學佛的人一定要現大丈夫相，一定要坦蕩豁達。

五、問：

我明明知道人生的道路是苦路，為什麼還捨不掉？

◎答：

捨不掉是因為：

一、覺得苦中總還有點兒樂。

二、不明白眼前所受的苦還未見底。這個苦不只仍有餘業餘報未消，還能更作苦因，導出更新更大的苦來。

三、對於現在所受的苦果，不能正確地發露其因緣。

四、對佛陀所揭示的最基本眞理（佛法ABCD）：A、世間皆苦；B、自造自受；C、有慚有愧；D、離苦得樂，還沒有深植信根，經常失念。

上述四點是我們以往所造惡業而形成的心理障礙，叫作「業障」。「業障」是可以對治的，怕的是不願見、不敢見、以致不能見。把障礙除掉，就能乾脆地捨、毫不委屈地捨。捨了以後充滿感激心和幸福感。因此，只要還有委屈，還不能乾脆地捨，就表示還有業未消，有障未除。應時時依上列四點，努力自見。

六、問：

回顧我這一生，實在交不出一張像樣的成績單，也不知道該怎麼走下去，請黃老師慈悲指點。

◎答：

佛陀慈悲，勸令一切有情出離三界火宅、生死苦海。以是因緣故，我們遲早都非得走下人生舞台不可，不然怎麼出離得了？

不過，出離也得聚集一定的資糧福報，並發起願力，否則終究無力出離。

人生這場戲，常常是演不下去，又下不了台，僵在台上亂編情節，瞎湊台詞兒。面對這種僵局，要想有所改變，似乎只有兩個選擇：

一、如果資糧福報夠，又發了願，或者資糧福報雖然差點兒，但發足大願力，便把劇本一撂，毅然衝下台來，重生如來之家。

二、如資糧福報不夠，大願力也發不起來，那麼只好換舞臺，改劇本兒，重新塑造第一主角形象。但要重新檢視一下這齣戲爲什麼演不下去，爲什麼這麼難演的因緣？

是劇本兒寫得太糟，以至於情節牽強不通？還是甚至連主角的面目也模糊，沒有清晰的形象能使觀衆認同？

或者，是主角演技太差？同台演出配戲的角色太弱？演出又有氣無力，只有壞戲、砸戲的時候，只有挨「叫倒好」的份兒？

再來就是戲院太壞，舞臺太小，許多情節和戲劇效果都表現不出來，再加上觀衆水平又太低，這齣戲就很難演下去了。

除非看懂這些，而對現有的缺失作大幅度的改變，否則，人生的舞台上也還眞不好混呢！

怕的是，這兩個選擇的路，都沒好好走，那就成了「武大郎攀槓子——兩頭兒搆不著。」搞不好，還要落個「豬八戒照鏡子——裡外不是人！」

讓我們好好想想吧，人生這條路，到底要怎麼走下去？

七、問：我是一個佛門弟子，又是一個律師，必須不顧一切，為客戶打贏官司，為此心中常感不安：這樣做是不是造業很重？

◎答：

律師行業待遇豐厚，是相當受現代社會欽羨的，而您能毫不自欺，居然已先意識到這個行業和學佛會有矛盾，這要有一定程度的誠實和勇敢才作得到，足見您是根器明利之士。

在《是我不是我—法語》一書中，我曾說過：「於大顛倒中爭小是非，於大傷毀中計小得失。」律師的行業於此造業最甚，故爲大患。

至於怎樣處理這個矛盾，日後還需要依佛法來正確對待。

39 第七問

八、問：

我剛從失戀的痛苦中站了起來，但我還是嚮往戀愛的滋味，怎樣可以保證下一次不再這樣痛苦？

◎答：

現在不妨回頭檢視一下，看看當時陷在男女「餓鬼愛」的坑裡時，自己的心是不是特別的黑暗狹劣？是不是時時行在計較、猜疑、嫉妒、爭鬥、瞋恨的「地獄之旅」上？

若自心常行在「地獄之旅」上，這是使我們痛苦的唯一原因。而我們自心不能出離「地獄之旅」，卻又把命運交到另一個人的手中，期望對方給予自己幸福、快樂、滿足，豈不是一場註定的悲劇和鬧劇？

但這種經驗並不是第一次發生，那麼，還要再發生多少次，我們才肯覺醒？

第八問

我們經常在重覆同一個錯誤，卻希望得到不同的結果，這豈不是一個既可怕、又可悲的執著？

九、問：

對過去所發生的種種不堪回首的事，我百思不解，到底都是些什麼因緣？

◎答：

具體的因緣，要在更了解情況后，才能說明。但是眼下即可斷言：都是因爲我們的「惡」而造成的。

我們苦，是因爲我們惡；我們不惡，我們就不苦。

我們不快樂，是因爲我們不善；我們善，我們就快樂。

這是一切因果關係中，最根本的一條。

希望我們常依此作深心思惟，並自願自覺地把自己這一生的苦行苦受，拿來爲佛陀的這一條眞理作證。

43 第九問

十、問：

我常聽黃老師說：「迷途即是歸程」。關於這個法，我到現在還是想不懂，請黃老師再為我開解？

◎答：

答：「迷途即是歸程」，就是說看清楚迷途就找到了歸程的意思。也就是說，看清楚當時是怎麼開始踏上迷途的？又怎麼一路迷迷糊糊地走過來的？看清楚後，倒著往回走，這往回走的路就叫「歸程」。

用佛法的語言說：誠實勇敢地依「慚愧法」去徹底發露，當時是以何心爲因？攀何法爲緣？而走到這個地步來的。今天的處境和所受的逼迫苦惱，就是以如是因、攀如是緣所必然產生的如是之果。找到這個「必然性」，就算找到「歸程」了。

第十問

十一、問：
請問要如何才能從自心中那股停不下來的惡與恨中解脫出來呢？

◎答：

要想從這「惡與恨」的泥沼中拔身出來，就必須要拿出足夠的誠實和勇敢來，徹底看清楚其中的因緣果報。

首先，問問自己，陷在這「惡與恨」的泥沼中苦不苦呢？怕不怕呢？想不想拔身出來呢？若答案都是肯定的，那就表示已經具足去正見因緣果報的資糧和福報。所以者何？以其行上了「知苦、怖畏、厭離」的修行解脫之路，面對能發起「慚愧」的次第。

若依正法行慚愧，則得正確發露因緣果報，並開啓智慧；再依法行「懺悔」，則得消業除障，究竟拔身而出。

十二、問：

在修學大乘菩薩道的過程中，對世間無常之法雖能認同，但對發生在世界各地的大災難，不只不能感同身受，常常還覺得跟自己無關。請問黃老師，這是為什麼？

◎答：

對於眾生的苦難「不能感同身受」，就無法建立與眾生的「同體大悲」。這顯示出我們修「大悲心」的障礙。

我們到底造了什麼業，才會起這樣的障呢？

悉達多太子以慈眼觀眾生時發現，原來一切眾生都活在互相欺凌、逼迫、吞噬的生態中，因而得出「世間皆苦」的結論來。

近代的思想家們也提出「生存競爭；自然淘汰；適者生存」的道理，更有甚者，許多經濟學者認爲戰爭是調節人與自然關係的有效手段，換句話說：戰爭是控制人口泛濫的好辦法。

說開了，眾生之間的基本互動關係就是「爭鬥」。

我們攀緣到這六道輪迴的鬥爭場中來受生，本就帶著極大的爭鬥心來的，我們每個人今生的經歷都在在爲此作證。且不論在社會上求生存及改善生態的鬥爭，就是在親情和男女之間互動，也只是不斷的爭鬥，例如老是在計較著你欠我的，還是我欠你的；你欠我多，還是我欠你多。講來講去，還是逃不過佛陀的最高總持：「汝負我命，我還汝債。」（《楞嚴經》）

既然我們都活在這樣的生態、心態之中，對他人的苦難必定不能、也不要去

「感同身受」。因爲我們的感受應當是「幸災樂禍」才正常呀！

就算偶爾發起的「同情心」、「憐憫心」，也只不過在表達：

一，自身對苦難的無力與恐怖；

二，未能身受的罪惡感與僥倖心；

三，自欺的幸福感與憍慢心，在找尋力感的體現。

不管怎麼樣，眞正的慈悲心是起不來的。

只有當我們厭離對世間的貪愛，放捨對三不堅法——身命財的攀緣，出離了世間這個鬥爭場，不再作爲競爭者的一員，這時，我們才不再「幸災樂禍」，我們才會有心量去感受別人的苦難。若能「感同身受」，即是大悲！

51 第十二問

十三、問：

我怎樣才能在學佛的過程中，克服愛鑽牛角尖的毛病？

◎答：

思惟時愛鑽牛角尖，反映心中多疑，無有決定。為何多疑？該信的不信，不該信的偏信，即未種正信之根。為什麼會這樣呢？

為貪愛世間身、命、財三不堅法故；為於無常、無樂、無我、無淨之中橫計常、樂、我、淨故；顛倒、虛妄、欺誤故。

若能將上述惡因緣消滅，則立正信。以正信故，心有決定。有決定故，則無有疑。不疑，則不再鑽牛角尖了。

第十三問

十四、問：

我是個修學大乘佛法的佛教徒，在面對世間種種弱肉強食的現象，不要說發起慈悲心了，連怖畏心都不起來。請問黃老師，我該怎麼辦？

◎答：

這是因爲人道對許多弱肉強食的現象賦予了合理化的解釋，譬如許多宗教都認爲，天生萬物是上帝神明賜給人類享用的。近代史上也有不少科學家、思想家們，爲了替資本主義發展開路，也提出「生存競爭，自然淘汰」的觀點。這種種都在爲「弱肉強食」提供合理化的理論根據，我們也中了不少這樣的「毒」，因此難起怖畏心。

佛子應依佛法中因緣果報的觀點來看待這個問題。依因緣果報之法，一切眾生都有生老病死，都有成住壞空之時。換句話說，你我及一切眾生都有「弱」時，也都有被「強」者所欺所傷乃至所「食」之時。

什麼是三惡趣？就是充滿弱肉強食的地方。如果我們於「弱肉強食」不能起怖畏心，則先問自己是不是心甘情願爲強者所食？再問問自己是不是心甘情願去三惡趣報到？再問問自己願不願見一切眾生墮於三惡道？願不願見眾生爲強者所食？

如是，怖畏心便發起了。

十五、問：

常聽人說：「善有善報」，但我長期以來作佛事，老是辦得不順心，卻反而惹來一肚子怨氣，這到底是為什麼？

◎答：

「爲什麼」這三個字是現代人使用的語言，別看它經常被許多人掛在嘴邊，若是一個深心誠意的人發出這三個字時，那麼它的實質內涵應當是：「到底以何因緣，而導致這樣的結果？」

我們以「好心善意」爲因，再由此「因」去召集和合必要的有利條件，這叫「以因聚緣」，條件具備時，就叫緣份夠了，一個善果就必然發生，叫做「成就」。

任何一個預期效「果」，都必須有正確的因和緣來成就，這叫「因緣聚足」，必然會有成「果」。若不具足，則預期之果不生。

這就是佛法中最基本的「因緣果」法。

我們發願爲老佛爺辦事，所謂「作佛事」。若事辦不成，只可能有三個原因：

一、因不足——所發的心願不淨——有私人意圖挾帶走私。

二、緣不足——還沒能召集聚合足夠的必要條件。

三、二者都不足。

從這個「因緣果法」來檢視爲什麼把事辦砸，就能得到正確的答案，也找到了我們所犯的錯誤，更重要的是開啓了能正確觀察揭示因緣果的智慧。這就叫以善根福業來正確「答報」佛教的因果法，又簡稱「福報」。至此，便圓滿了「因緣果報法」。

但願我們今後都能以最大的誠實和勇敢，依此「因緣果報法」，對一切人、事、物進行正觀察和正思惟，如是方順佛意；如是方能爲佛辦事；如是方能惠利眾生，更不會因事不順心而惹來一肚子怨氣。

十六、問：為什麼我們必須要受到更深、更大的苦的教訓才能知苦？

◎答：

因爲我們認爲目前所受的苦，還有辦法去轉移、痲痺，還有力量去欺誤覆藏。「頭疼醫頭、腳疼醫腳」是我們最常使用的欺誤覆藏法。我們總不肯把這「頭疼、腳疼」提升到「苦聖諦」的高度來，不肯承認這是人人難免的「病苦」，同時也是與健康的「愛別離苦」；與身痛心苦的「怨憎會苦」，總之是「求不得苦」。

與親人惡性互動完了，各退一步，偃旗息鼓，說一句什麼「床頭吵，床尾和」來解嘲就算了，總不肯承認這就是怨憎會苦——親化爲怨；這就是愛別離苦——恨取代愛；這就是求不得苦——彼此根本永遠無法滿足。

佛陀在《大乘大般涅槃經．四聖行品》中明敕：「一切盡入苦諦」，就是要我們隨時把覺性提起，把這一切「小病、小痛、小悲、小惱」，自覺地提升到「苦聖諦」的高度上來，如是方名「知苦」。如是方能念念開佛知見，不開眾生知見；如是方能行上「知苦——怖畏——厭離——慚愧」的正法修行之路。

十七、問：

我每天為生活奔波，雖逼迫無暇，但我還是想從中找尋到一點一滴的清靜自在。請問黃老師，我該怎麼辦？

◎答：

這個問題問得好，反映出你內心追求光明的動力。

命運和生活是很難了解的。當我們面對一個情況時，不管好壞苦樂，已經是在受一個「果報」了。事實上，當我們受生爲人，來到這個世間，也是一個果報——前世作業爲因緣而產生的果報。只要我們有所作業，不論善惡，一定會產生一種相應的果報，這就是佛教中的「因緣果報法」，或簡稱「因果法」。

「果」與「報」嚴格講來是兩件事：有因緣而生果，當我們受果時，我們有選擇決定如何去反應，也就是如何去答報所受的果，這裡很有講究。

我們可以選擇去苦受或樂受，我們可以選擇與這所受的果去進行良性互動或惡性互動，這就叫善惡報應。無論善報或惡報都要引發下一輪的因緣果報。

如能喜受善報目前面對的果，則易引發下一輪的善因、善緣、善果、善報；反之，若苦受惡報，則將引發下一輪更惡的因緣果報。

惠能大師說：「思量善事，化爲天堂；思量惡事，化爲地獄。」講的就是這個道理。

一個小學生愛玩淘氣不用功，受到老師責罵處罰。面對這個果，他如能「思量善事」，他就能知錯，並會感激老師對他的關切，從此改過，勤學善修，如是喜受善報，將來成就爲品學兼優的人。

但如果他「思量惡事」，認爲這是老師討厭他，故意虐待他，憤而不上學了，每天在街上游蕩，去沾染社會各種壞習氣，他的前途，必定很坎坷。

同樣一個人面對同一個情況，是有選擇的。一個不學佛的人，常會不自覺地忘了自己原是有選擇的。

這樣，便會放棄了自己的選擇權，放棄了選擇權的人，就經常怨天尤人。

怨天尤人雖可用來自我解嘲，把責任推給老天爺及別人，但解決不了眞正的問題，只能把自己推入更加黑暗更無助無力的境界。因爲，這時我們已將自己交托給了別人，而交托的對象正是那一向對我不公平的老天爺和那些專門辜負我的惡人！

這正是「思量惡事」的果報！

希望你能儘快地把自己的命運掌握權奪取回來；希望你能隨時警惕自己不要思量惡事；希望你能練習隨時、隨地、隨人、隨事都能思量善事的功夫。

63 第十七問

十八、問：

回顧過去，生命中充滿了坎坷、無奈，所以常埋怨父母把我生錯了。如果把我生成男人，就不會碰上這一連串的災難。請問黃老師，我該怎麼辦？

◎答：

如果您認爲女人身是較輕賤的受生，這樣的看法是正確的。可是，如果把它歸咎於「父母把我生錯了」，就不符合佛教的因緣果報法。因爲我們的受生，都是由於自己先世業力的促動而造成的。

我們的中陰身，是依先世業力的逼迫驅使，而選擇了今生的父母。而我們的父母，也是依其自身的業力，召感我們作爲他們的兒女。雙方都各以自心爲因，攀緣對方爲緣，而得到互爲親人的果，誰也怪不了誰。

先世善業、福業大的人，受生豪貴，幸福快樂（以世間法的標準來說）；相反的，先世罪業、惡業深重，則受生爲人輕賤，這是一定的因緣果報，絲毫怪不得父母的。若怪到父母身上，不但邪說因緣果報，而且還要造更大的惡業，即是「於父母所生惡心」。

佛在諸經中，特別是在《大乘大般涅槃經》中，都訓誡教斥我們不可「於父母所生惡心」，這是一個絕對不許我們觸犯的戒律。

十九、問：為什麼佛陀要求我們「不可於父母所生惡心」呢？

◎答：

因爲父母是我們受生的「最近因緣」。

若於最近因緣起惡心，將使我們永遠沒有辦法打開慧眼，看清楚因緣果報。更嚴重的後果是，如果連「最近因緣」都給抹煞了，任何更遠的因果關係，包括地獄因緣在內，都一定沒法知道。這種盲目性，常把自己不斷地引入地獄和下三趣，變成不畏因果、不信來世、無慚無愧、永斷善根的一闡提人，想想眞可怕！

因此，絕對不要怪父母，不要「於父母所生惡心」。

第十九問

二十、問：為什麼我們總是會「於父母所生惡心」呢？

◎答：

這是我們習慣的思惟方式：每當我們在生活和生命中，遇到了不如意、挫折、失敗、痛苦、無力解決問題的時候，就習慣性地先找個人怪一怪。當然，父母就首當其衝，怪他們把我們生得太醜、太笨、生在這麼不美滿的世界，讓我們從小到大都在吃苦……，有時甚至一直怪到整個世道，乃至怪到老天爺身上，這樣就能使我們的自我感覺暫時好一些。

但是，這樣去貪圖自我感覺暫時的改善，卻造下更重的惡業。因爲我們已經把自己的命運，交托到別人的手上。也就是說，在這一刻，我們已經徹底承認：我們的命運不由自己來掌握，而是由老天爺、世道乃至於身邊那幾個親人，來全部操控。

我們還同時認定：只有他們對我好，我們才能夠得到快樂；如果他們對我們不好，有些偏見或成見，那麼，我們就注定要永遠苦受下去，永無翻身之日。

既然我們將命運交托出去，宣判自己的無能爲力，而那些被我們指控的人，包括老天爺在內，根據過去的記錄，顯然對我們是極有「成見、偏見」的。那麼，這樣的生活和生命，還值得活下去嗎？

但是，不活下去，又往哪裡跑呢？如果當下即死，下一生的命運，不還是操控在那些人的手裡嗎？

總之，手指向外一指，就斷了我們自己一切的生路，也就是自己放棄了原有的一切主觀能動性和一切主動權。這是最愚蠢的事，千萬不可做。趕快把手指頭收回來吧！

二十一、問：現在我知道「於父母所生惡心」的因緣和過患，知道錯了，那該怎麼辦呢？

◎答：

如果我們能對過去於父母親所造的惡業，起慚愧心、懺悔心，接著就能對他們生感激心。感激父母的生育撫養，使我們今生得遇善知識，能聞正法，開啓智慧，蒙受佛法的惠利。這樣一來，過去我們與他們的一切互動，無論善惡，都成了促成今天這個善果的助緣。

回頭檢視、慚愧我們與父母、親人的互動，也讓我們深刻地認識、相信了佛陀開示八苦的眞理，並感激他們是我們最好的助教，時時在提醒我們——要勇猛精進，快快從「餓鬼愛」中出離。帶著這個覺性，就能將我們和父母、親人之間的惡因緣轉為善因緣。

二十二、問：

佛陀為什麼把親人之間的愛，叫「餓鬼愛」，有沒有說得太誇大？

◎答：

在《未曾有說因緣經》中，佛說：「母子恩愛，歡樂須臾，死墮地獄，母之與子，各不相知，窈窈冥冥，永相離別，受苦萬端，後悔無及」。

《楞嚴經》中也說，父母子女夫妻的關係，本質上就是「汝負我命，我還汝債」，是生生世世的糾纏，沒完沒了。尤其是自以爲有恩於親人時的那種索求，眞是一付討債鬼的模樣。討債鬼的模樣，就是餓鬼相，餓鬼永遠要吃、要喝，卻永遠吃不飽，永遠在饑渴之中。那種永遠滿足不了的貪欲，就叫「餓鬼愛」。

攀緣不捨餓鬼愛，使我們百劫千生輪迴六道。譬如今世互爲母女，來世不一定還是母女，下輩子或互爲主僕、互爲人畜，彼此奴役驅使，彼此都不相知。就如同現在，一點也想不起我們與親人前世的關係。

但有一事可以確定，那就是——若前世不造惡業，今世不會糾纏得這麼悲慘；今世不造惡業，彼此也不會有這麼多的惡性互動；而今世所造，有的還要轉到來世才報，這是最基本的「六道輪迴」造業受報的觀念。

餓鬼愛的另一個大麻煩和過患，就是它會把好事變壞事。例如：父母對兒女的養育之恩及種種付出，都是一個佛子對眾生所作的善業，本是很大的法財、資糧和福報。若能把這經驗提升擴大，把善意布施迴向出去的話，是了不起的事情，是極大的善業。但是我們若攀緣餓鬼愛不捨，就一定要去貪功受福德，這一貪功受福德，便成了餓鬼討債時的帳本，立刻把施受的關係變成了債權人和債務人，把好事變成了壞事。

學習大乘佛法，就是要學諸佛菩薩如何「轉法輪」。轉法輪就是把最苦、最壞、最惡的事，轉成最樂、最好、最善的事。而不是「倒轉法輪」，把自己和親人，變成餓鬼、討債鬼、冤屈鬼；把原本美好善良的事，變成「汝負我命，我還汝債」的醜陋邪惡的事。所以，佛陀把親人之間的愛叫餓鬼愛，一點兒也不誇張，實在是最慈悲的提醒，讓我們不得不小心警惕餓鬼愛的過患啊！。

二十三、問：

佛陀要我們出離餓鬼愛，但在《盂蘭盆經》中，又說要孝順「七世父母」，這裡不是很矛盾嗎？

◎答：

佛教講孝順「七世父母」，七世不是指祖宗七代，而是指今世加過去生的六世在六道輪迴時，各道的父母，故是「一切眾生」的代名詞。

我們輪迴地獄、畜生、餓鬼、人、天、阿修羅道六道，每一道受生都各有父母，這就說明了我們對父母的孝順，一定要擴大提升；對子女的慈愛，也一定要擴大提升。

因為「一切眾生」都曾經作過我們的父母、子女、夫妻眷屬，如果我們現在不能正確地去愛今生的父母、子女以外的人，則下輩子也不能夠認識、並像今生一樣的去愛自己的父母、子女。所以，只有愛「一切眾生」，就愛到了一切過去的父母、子女。

這就是大乘菩薩道要發願度盡一切眾生的原因及宗趣。也是《盂蘭盆經》的宗旨精神——要我們孝順自己的父母如六道眾生，視六道眾生如自己的父母。也就是佛陀對我們的告誡——愛羅侯羅如六道眾生，愛六道眾生如羅侯羅。

看經千萬不能看窄、看偏了，一看窄、看偏，就陷在餓鬼愛的糾纏中，則把好事變成壞事了。

二十四、問：

既然餓鬼愛不好，但我們已經都是親人了，該怎麼辦呢？

◎答：

去擴大提升對父母兒女的餓鬼愛！

如何擴大提升呢？

佛在《大乘大般涅槃經》中說，要「愛羅侯羅（佛的親生兒子）如六道眾生，愛六道眾生如羅侯羅。」兒女就是我們的「羅侯羅」。我們既然能夠對自己的兒女作出善良的布施，就表示也能夠對一切眾生作出同樣的布施；既然能夠對自己的兒女發出善良的意願，就表示也能夠對一切眾生發出同樣的善意。剩下的，只是我們願不願意的問題了！

第二十四問

二十五、問：

在《未曾有說因緣經》中，有一段關於耶輸陀羅和羅侯羅之間的母子之情糾纏難捨的描述。佛叫耶輸陀羅放捨羅候羅，讓他出家跟佛學法修道，佛陀的理由是：「母子恩愛，歡樂須臾，死墮地獄」，為什麼母子恩愛，死後會墮入地獄？

◎答：

「母子恩愛」並不一定是直接的地獄因。但是若因「母子恩愛」而不出家修道，則定作地獄因。

何以故？不修道者，不能免生死，亦不能究竟止惡行善。而生死是輪迴因；作惡是地獄因。

再說，「男女恩愛」、「母子恩情」的糾纏，於不見佛、不聞法、不識僧等未歸依三寶者而言，常作敗壞事業、學業、名利、道德、法律之因，雖屬惡因，尚非甚惡。但若於佛弟子而言，作敗壞修道、成道之因，則是大惡，以其「惡」故，亦能直接作地獄因。

出家修道成道是天上天下至善之行，所以者何？此行能令自身及一切眾生終究永斷八苦，永離生死，入於究竟安隱快樂之處，故名至善。

而母子恩情、男女恩愛，若能直接傷毀、敗壞此至善之行者，則為至惡之因，亦即地獄直接之惡因也。

二十六、問：我很感激女兒帶我一塊兒出家，彼此有個照顧，可是我們卻斷不了餓鬼愛，該怎麼辦呢？

◎答：

我們能出家修行，首先是三寶慈悲的引導力，其次是由於自己前世及今生的善根福報。若把自己出家的因緣，全部歸功於兒女，這個想法是對三寶沒有感激心的表現，也是對自己作下劣想，把自己的心推往狹劣黑暗的地方。因爲，若全部歸功於是別人的功勞，豈不變成「他造我受」了嗎？那是不合佛陀「自造自受」的眞理。

從這點也可見到，正是因爲母女餓鬼愛的作祟，使我們不能往光明處思量善事，而盡往黑暗處思量惡事呢？。想通後，明白了這層道理，要深切慚愧懺悔，堅決出離餓鬼愛，和親人只作善友，歡喜地奔向光明。

同時我也要請你再看看自己的善根——雖被困在餓鬼愛中，瞋惱受苦不能自出，但卻能誠實承認自己有問題，「己意、己力」解決不了，而勇敢坦誠地向善知識發露求救。這一聲求救，就把自己帶離地獄邊緣，同正法接上了正緣，方得法雨甘露滋潤，才能打開心受諸佛護念、三寶加持，重新發出正願。

佛法是天上天下至高至尊的珍財，發願眞正歸依三寶，必能發明心地，生生世世作佛陀的好兒子，作一切眾生的眞實福田。

二十七、問：

如何才能令年老的父母打開心來，願意對佛法做些探討和認識？

◎答：

首先必須打破目前的僵局。

什麼是目前的僵局？

要認識並體諒我們的父母及一切老年人，他們這時感到畢生所信仰奉持的思想和理念，受到三重的挑戰：

第一重是他過去所信奉的思想理念，曾在處世為人方面給了他方向性的指導和動力，並在許多時候帶給他方便惠利，但如今在面對老病死苦時，卻顯得如此虛弱無力。這會動搖自己做人的基本信念，必須堅決頂住，不然等於宣布自己艱苦奮鬥一生的價值破產。這個恐懼，有時甚至會壓倒自心對老病死苦的怖畏。

第二重挑戰是佛法的一些基本觀點，不只抵觸了平生的理念和思惟方式，甚至根本難以接受，更別說對它產生信心。以自己目前困惑而又疲憊的心態，更不想再挑起內心的交戰。

第三重挑戰是，假如從子女那裡接受了佛法，豈不等於承認自己以往教育子女的那一套，是大有問題的嗎？

這三重挑戰，造成了現在的僵局，要打破這僵局，我們作子女的，必須先從挑戰者的位置「撤兵」，退出戰場，解決老人家親近佛法情緒上的障礙。

二十八、問：

怎麼樣才能解除老人家們親近佛法情緒上的障礙？

◎答：

(一)老人家覺得身邊的「年輕人」，似乎都不被老病死苦所困擾，因此對自己的老病死有嚴重的罪惡感，常自覺因年老多病無用，變成別人的包袱和累贅。對老病死的恐懼，更使自己感到無力和羞恥。如果身邊的「年輕人」，有人肯誠實勇敢地挺身而出，並對老人家老實承認，凡是沒有專門修學過對治老病死這門學問的人，沒有不受困擾的，也沒有不感到恐懼的，只是多數人愚癡麻木，自恃年輕，還以爲有時間和空間來逃避面對老病死苦。

(二)佛法很可能是「迷信」，但它卻是一種專門研討老病死苦的學問。也許全是騙人的，全是假的，全不靈。但我們何不打開心來看看，它可不可能不是迷信？它可不可能也有些道理？

且不要把它當成對決者，看看它是否還有些參考價值？所謂「病急亂投醫」，有人得絕症，既然醫院宣告不治，管他什麼偏方也會試試呀！說不定……。

(三)應以「身教」爲重，而盡量避免「言教」。

如是，就可解決老人家親近佛法在情緒上的障礙。

二十九、問：

怎麼樣才能幫助別人解除親近佛法在理念上的障礙？

◎答：

解決這個難題，有個先決條件，就是先得老實承認，對方心裡的障礙，也是我們自心尚未拆除的障礙；他所感到的抵觸和排斥，也正是我們自心尚未能完全調伏的抵觸和排斥。否則，在開解他時，我們就不會感到如此無力。

《維摩詰所說經》上說：「若自有縛，能解彼縛——無有是處；若自無縛，能解彼縛——斯有是處。」

先把對方的問題，反照認領回到自心，再勇敢誠實地剖析自心，問題就好解決了。

第二十九問

三十、問：

我想學佛，卻「發動」不起來，因為老是覺得學佛太難了，我可能作不到。

◎答：

學佛修行聽起來蠻複雜的，其實，一點也不，難的是在邁出第一步，其它的步驟和次序是越走越輕鬆，越輕鬆越快。

因爲我們只要誠實、勇敢、堅決地走下去，一面走就一面開啓自心更大的智慧力，自心實力越強，這路就更好走了。

好比一個人用身體的力量去拉車、推車，使盡了渾身的勁兒，也弄不了多遠多快。但如果發動了引擎，依靠汽油的爆炸力來推動車輛，那麼即使是滿載貨物的

第三十問

十八輪大卡車，即使是陡斜的上坡路，照樣兒奔兒奔兒地跑。

鼓足勁兒，快快邁開第一步，我爲你加油！願三寶加持你。

三十一、問：

有人說：「某人往生了。」究竟怎麼能證明是「往生」？

◎答：

一切眾生死了都得「帶業往生」！為什麼呢？因為我們這一「生」，正是上次「死」所帶來的業果，也就是說，我們是帶著前世的業，來投向今生的。今生生成這樣的有情，正是前生的「業果」。而現在的「生」，正是今世必死的因，死又變成了生的業果。今生將如何死？將被今世如何對待前世業的成果而定，這又叫今世業。而今世如何死，又將決定來世往何處生。

一切人事物的生住異滅、成住壞空、生老病死都是依照「因果律」而進行的，不可能有因無果；也不可能有果無因。因此，「往生」是一定的，是「不証自顯」的。倒是「往生何處」？才眞是值得注意的問題。

三十二、問：我們為什麼不信佛說人死後還要再生？

◎答：

因爲我們自覺或不自覺地，受到孔子一句話的深刻影響，從未懷疑過：「未知生，焉知死？」活著時的事，都搞不清，又哪能去弄明白死後的事？我們應反問：既然生與死是矛盾而又互相依存的兩個對立面，如果未知死，又焉能知生呢？我們從白血球增加的數量，來認識細菌在人體內繁衍的情況。我們並不因細菌數量難知難見，而放棄去認識細菌，我們很聰明地通過認識它的對立面——白血球，而認識細菌。

這裡使用的方法，跟佛法中的「反照法」有相近之處。惠能大師說：「汝但反照，密在汝邊。」

一切人事物的本質，都無形無相的，但我們正是通過它的對立面——現象——有形的表相，去認識那無相的本質。

當我們對本質有所了解，就更能掌握一切人事物變化無常的各種表相了。只有正確掌握生與死的互動關係，才能有真實正確的認識和了解，排斥任何一端，就同時令它的對立面永遠成謎。沒有死的生，生從何來？又往何去？若無來無去，則如夢如幻，毫不真實，死亦如是。沒有生的死，它到底有何意義？生的定義由死賦予，反之亦然。

三十三、問：佛教的「輪迴」是不是靠靈魂去轉世投胎？

◎答：

這個問題的提法，和一般宗教以及信鬼神者的「靈魂說」，沒有兩樣。佛教是反對「靈魂說」的，六道輪迴是業力的承傳，是靠因緣果報不斷相似相續生來進行的。

第三十三問

三十四、問：為什麼「靈魂說」不能成立？

◎答：

相信「靈魂說」的要害，在於肯定每個人都有一個「獨特的」靈魂，而這個靈魂，不管上天堂或下地獄，都是永生不滅的。既是永生不滅的，即是「眞常」，「眞常」常住不變，所以這個靈魂就是「眞我」。

這裡露出了狐狸尾巴：如果我的靈魂是那麼獨特而又眞常不變的話，那麼它的性質品格——也就是說它的善惡、貴賤、愚智、美醜，就早都定了，怎樣也改變不了。那麼天堂、地獄，也早訂座了，還在乎什麼爲善、爲惡，乃至信不信神？

假若我的行爲——身口意三業，能改變我的靈魂性質和品格，那麼這個靈魂就不是常住不變的，也不一定是那麼獨特的，那麼剛才說的那個「眞我」又如何安立呢？

故知「靈魂說」的虛妄錯謬，一戳即破，但無始以來，卻不知迷惑多少千百億萬恆河沙數有情，令彼不見眞實。

佛教認爲一切法無常、無我，當然不會相信「靈魂說」。

三十五、問：

能不能舉個例子來說明，什麼是業力承傳？

◎答：

以一九九七年台灣發生的一件轟動全島的綁票案爲例（犯案人叫陳進興；被害人叫白曉燕；被害人的母親白冰冰，是電視節目名主持人）。

陳進興自認「爲惡有力」，放逸其貪、瞋、痴等惡念，這是惡「因」；綁架了白冰冰的女兒白曉燕，並勒索巨款，這是攀惡行爲「緣」；使自己成爲重案重犯，這是惡「果」；對此他不是不知道，但已鐵了心，來者不善，善者不來，愛拚才會贏，若不給錢，還要殺人！這是他對惡果的惡答「報」。

這個「報」，引出了另一組的因緣果報：白冰冰給錢不痛快，這是因；割肉票的手指寄給她，逼她就範，這是緣；還是不從反而報警，令陳進興受警察追緝，這是果；陳進興撕票殺白曉燕沉屍，這是報。

這兩輪因緣果報就是「相似相續生」的。惡因攀惡緣得惡果，惡果又成了下輪因果的惡因，就是「報」。

一輪又一輪接著來，直到陳進興殺了更多人，同伙被殺光，自己成了有史以來頭號槍擊要犯，最後，在全省警力動員合圍下被捕、被關、被審、被判、被槍斃，這都是一連串業力相承，相似相續生的因緣果報。

但還不能算完呢！陳進興臨死前雖有一定的懺悔，但仍「迷心外見」地多有抱怨，認爲是惡社會害他爲惡。因爲他的惡業深重難消，仍將得地獄之果，這又興起了新的六道輪迴因果。從天眞無邪的陳進興，到充滿惡心的陳進興，到槍擊要犯的陳進興，到死囚的陳進興，哪個是眞的陳進興？

陳進興受生前本不叫陳進興，到地獄報到後也不再叫陳進興。故知陳進興不是眞我，只是假名。無常變易，只有因果相續，哪裡去找那不變的靈魂？陳進興輪迴，你我及一切有情都不斷輪迴，都只是依著業力的軌跡不斷相似相續生而已。既不「獨特」，又非「眞常」，何來眞我？

佛教認爲心意識的本來面目即是無量無邊的，作爲「因」的心意識「種子」，也是無量無邊的。不同的心意識種子攀名色「五遍行」、入六處聚落，觸、受、愛、取等緣，則於二十五有中生八苦之果。再以死果爲因，調發新的心意識種子，再開始另一輪的因緣果報，乃至於無窮。

第三十五問

三十六、問：

既然沒有靈魂，也沒有一個「我」在輪迴，那有沒有真正的「我」？若有，它在哪裡呢？

◎答：

有。「眞我」就是那個能正確認識，能眞正覺悟到靈魂是假；「靈魂說」是錯；一切「我」不實；一切因緣果報相似相續生的覺性。這個覺性常住不變，叫做「佛性眞我」，又叫「諸佛大我」。

從某一個角度來看學佛，就是自心離一切假我，而回歸依止佛性眞我，這就叫「皈依佛」。

第三十六問

三十七、問：

丈夫心臟病突發，入院急救，目前生死未卜。我很慚愧，自己學佛多年，對家人的生死卻無能為力。請黃老師開示我該如何面對？

◎答：

不只是你的親人，我們及一切眾生，個個都是被關在「天魔」所管轄的「死囚牢」裡的死刑犯。

每天晚上獄卒來點名，點到名的就被拉到煤氣室、毒氣室、電椅室、絞刑架或是刑場去處決。如果被點到的是隔壁樓的，或被點到的是不認識的，我們就無動於衷，心中一念：「幸好是他不是我！」。

現在，被點到的是自己身邊的同伴，就不得不嚴肅地來面對這個問題了。

事實上，我們這樣的心態是非常愚癡的，只要點名還沒有點到自己或身邊的同件，就可以不管它，就可以再盡全力地繼續去找樂子，豈不是把死囚牢當成是個遊樂場？

這樣的自欺、顛倒是很可怕的，因爲總要點到身邊的人或是點到自己，才會恐怖起來，這樣的恐怖只會使我們更加無力，陷入「前無去路、後有追兵」的地步。

於此，當正視這個問題，首先要想到：「我們是怎麼被關進牢裡來的？」——正是依己意、己力，造諸種種惡業才被關進來的。

今天要想免於這種種的苦、種種的無力、種種的恐怖，只有依佛意和三寶加持力。

每個人從生下來的那一天，都得了「必死的不治之症」，就看它什麼時候爆發。

假如今天得的不是那個不治之症，那就不用擔心害怕，只要稍微留意、加以調養，絕對死不了，想死恐怕都很難。

假如今天得的是那個不治之症的話，就要開始作心理準備了。

三十八、問：假如我的丈夫必死無疑，要作什麼樣的心理準備呢？

◎答：

安排去處！

當我們陷於那個活不好、又死不掉的境界時，正是因爲：不知去處。而不知去處的原因正是——無有去處。好像面對著一個黑暗、不可知、不可測的未來，而自己卻一步將踏入這個無邊的黑暗。

所以，一定要把自己準備好。怎麼準備？就是在佛前發下大願。

在發大願之前，得先慚愧懺悔自己過去這一生依己意、己力所造作的種種惡業。而在慚愧懺悔之前，先要寬恕所有的敵人、仇人、親人，一切對不住我們的人。寬恕了他們、放過了他們，也就是放過了自己。爲什麼呢？

因爲，我們過去拿來裁判他們的惡法，必將拿來裁判我們自己。

因此，我們一定要宣佈：過去所服從的世間法，是惡法，是苦法，而今而後不該再信受奉行。這樣才能歸依得上佛法。

於此當知苦、怖畏、厭離，然後在這個基礎上慚愧、懺悔。

如今，起碼要大大地去深心認錯、勇敢發露、痛切訶責，希望這樣能消掉些舊業，解下些包袱來。如是，面對死亡的考驗時，就能輕裝上陣。若能越輕裝上陣越好，不然包袱重了，就得往地獄、下三趣墮落了。

雖然，現在去做這些功課可能太逼促了，可是還得要做。好好地運用我們現在所剩的這些神智跟清醒去慚愧、懺悔，不然就太遲了。

千萬不要墮三惡趣，在三惡趣裡有的只能是惡性循環，墮入三惡趣的任何一趣，恐怕都得要完全地在地獄、餓鬼、畜生三道走遍了才能出得來。好不容易從三惡趣爬出來，就算受生爲人，也只能受生得極差，馬上又再福盡還墮，又再墮回三惡趣去。

因此，不要墮入惡性循環，一定要爭取在這個死亡的前一刻能進入良性循環。

進入良性循環的辦法就是，不再依止己意、己力，而能夠全面回歸依止佛意、三寶加持力；不再信受奉持世間法，而信受奉持佛法。

於此祝願三寶加持力直灌你們的心，願你們能盡快地回歸依止得上三寶。

三十九、問：何謂善男子，善女人？

◎答：

能持「十善法戒」，遠離十惡法，自覺地停止與一切人事物惡性互動的人，就算是「善男子」或「善女人」。

「十善法戒」的內容是戒身、口、意三業。我們的「身」，能犯三種惡業——殺、盜、淫；我們的「口」，能犯四種惡業——兩舌、惡口、妄言、綺語；我們的「意」，能犯三種惡業——憍慢邪見（癡）、瞋恚（瞋）、嫉妒（貪）。

四十、問：

若能持上十善法戒，有什麼功德果報？

◎答：

若能眞正持上十善法戒，可得六種果報：

一、死後不墮三惡趣，受生人天兩道；

二、受生爲人，豪貴多樂；

三、受生天人，享受生天福樂；

四、能發小乘菩提心，修阿羅漢道，得阿羅漢果位，永斷生死；

五、能發中乘菩提心，修辟支佛道，得辟支佛果位，永離無明；

六、能發大乘菩提心，修菩薩道，終究成佛，得入眞常、眞樂、眞我、眞淨的涅槃境界。

四十一、問：

為什麼持「十善法戒」能免地獄之殃，不墮三惡道？

◎答：

地獄、畜牲、餓鬼三惡道者，顧名思義，都是以惡爲其特徵的，若不惡則不會墮入三惡道。

一切十方三世無量無邊六道眾生所能造的種種惡業，都被如來以無上大智，總攝入十惡之中。即身三——殺、盜、淫；口四——兩舌、惡口、妄語、綺語；意三——嫉妒（貪）、瞋恚（瞋）、憍慢邪見（痴）。

如來更以無量大慈定「十善法戒」，令一切眾生得以：一、見惡思善；二、止惡行善；三、以善轉惡，成就大善、純善、至善。

因此光就止惡，已足能令一切眾生免地獄之殃，不墮三惡道。

四十二、問：

為什麼持了十善法戒就能不怕死？

◎答：

能持上十善法戒的就是善人，善人會很高興死亡的到來，因爲「死」是來結束今生種種的痛苦跟折磨，是即將受生到更善良、更光明、更快樂的地方去的一扇門。而惡人不持戒修福，心裡一片漆黑，死了以後也不知道要去哪裡，因此，惡人一定貪生，不敢去死。而善人知道來生更好，故不怕死。

四十三、問：我是商人，作生意就是為了求利爭利，這樣如何能夠持戒呢？

◎答：

戒有許多種，最高級的戒，是「菩薩清淨戒」——也就是依智不依識，依義不依語，依法不依人，依大不依小、依了義經不依不了義經的「五依五不依戒」，但要持得上這種戒，非有大願力、大福報、大資糧才行。

佛陀慈悲，爲不同願力、福報、資糧、根器的人，訂下不同次第的戒，先持易持的初級戒，持好了這個次第的戒，就會具備「戒力」，所以有力去持下一個次第的戒，也就是更高級的戒。

持最初級的戒，應先止惡。什麼是「惡」？無惠利而有傷毀，即是惡。

第四十三問

如何止惡？

一、堅絕不作惡事——殺、盜、淫、酒。

二、堅絕不說惡話——自傷傷人的話和謊話。這一來就持上了「五戒」。

三、堅決不去思量惡事，不去想那些自傷傷人的事，進一步也不要給太多的人、事、物賦予傷毀性。換句話說，就是不許思量惡事。

若能作到上述幾點，則有福報資糧去學習持更高的戒了。

四十四、問：

有沒有什麼簡單的方法，讓自心很快地止惡？

◎答：

有，我們平日可以隨時隨地以「有相三戒」來檢視自己：什麼是有相三戒？

一、只要一察覺自己的惡心思起來了，就要趕快「鬆油門，踩剎車，調轉車頭」。若腳離不開油門，也不踩剎車的話，難免出車禍，甚至翻車喪命。

二、堅絕不許「拉狗尾巴」：不要「有意無意」地去觸及對方不願意被觸及的瘡疤。

三、「不打乒乓球」：每個家庭都有張無形的乒乓球桌，平日你一言來我一語，勤練不息，一旦高手對招，招招「抽球」、「旋球」，球速愈打愈高，越殺越狠。要堅持不主動拿球拍，萬一聽到對方拿球拍敲桌子叫陣，堅決不反應。否則一拍即合，立刻掉入惡性互動之中。

要能作到上面三項，則能立刻將起惡的心止住。

四十五、問：當我丈夫酗酒現惡相的時候，我該怎麼辦？

◎答：

在面對任何暴力和突發意外的時候，我們要能立即持戒，堅決不惡性互動，不許自心起惡，不讓自心起委屈感和瞋恨心。不只不起惡，還能立刻想到如何才能幫對方化解，堅決思量善事。能這樣作，當然不容易，要先能從他人現的惡相中見到他們的苦；然後再從他們的苦行苦受中認領啓示，更深切地認識到攀緣三不堅法的過患，深刻踏實地走穩知苦、怖畏、厭離這三個止惡的步驟，將自心的力量調發出來，準備踏上行善的康莊大道。

第四十五問

四十六、問：為什麼要持「對己對一切人事物，經常要抱持善意而樂觀的耐心」這一戒？

◎答：

對自己的小善及別人的小善，都不抹殺、不忽略，並能以此善爲基礎，就能使善繼續增長。不持這個戒，就會走到「反面」去，那就是對自己的缺點及自己的惡、對眾生的缺點及眾生的惡分外相應，專門去看自己的惡和眾生的惡，對己、對人都喪失了善意而樂觀的耐心，那就只剩下思量惡事了。

惠能大師說：「思量惡事化爲地獄，思量善事化爲天堂」。犯了思量惡事的重戒，我們的心就會專門與自己及眾生的缺點相應；在這一相應之下，惡念就念念增長；這一增長，在很短的時間內就會直闖地獄。這是極危險的思惟方式，所以一定要好好地持上這一戒。

地藏菩薩在《地藏本願經》中，對閻浮提六道眾生的慈悲，就在於和我們的那麼一點兒些微的善相應，即使只有一毛、一渧、一塵、一沙的善，他都歡喜地去相應，都以極大的妙樂來增上回報。

地藏菩薩所以能示現如此不可思議的大善根、大能量、大神通、大慈悲、大智慧，就是因爲曾持過此「善意而樂觀的耐心」一戒。若不持此戒，絕不能有如此之成就。

我們學的大乘佛法就是菩薩道，就是要向菩薩學習這種精神。

爲了要學習地藏菩薩的深誓大願力，首先就要能持好這個戒，以自己的一毛、一渧、一塵、一沙的善，去和地藏菩薩的慈悲神通力相應。如果泯滅了這微少的善，就喪失了自己和地藏菩薩連線的機會，那又將如何能受到他的加持力呢？

四十七、問：能不能舉一個例子來說明「作善獲福」？

◎答：

現在很多人羨慕白手起家的「自我成就者」，尤其在美國，如果是靠老子發財的，會被人家看不起。這些白手起家的英雄有什麼特點呢？其中一個絕對必要的條件就是「善」，用最大善意樂觀的耐心來對待自己和一切人事物，以這個善「作善獲福」，所以能夠成爲自我成就的英雄。

他們受生的環境雖然都很差，都是福薄善淺，可是卻能以他們的心和一切人事物良性互動，不起惡。對這麼壞的環境、這麼差的條件、這麼惡劣的情況，乃至即使遇惡人惡事，都不起惡性互動。他們就是靠這個唯一的條件白手起家，使他們能從「人下人」變成「人上人」。雖然有了這個條件並不一定個個成功，但少了這個條件絕對失敗。

所以，即使是世間法都是遵照「作善獲福、爲惡受殃」這樣的因緣果報法，這是鐵的軌律。他們都是拿出最大的善意而樂觀的耐心來對待一切，否則就會這麼想：我這樣的窮小子，還有什麼希望？

我們只看到他們「白手」起家有如「平地一聲雷」、「烏鴉登上鳳凰枝」，好羨慕。他們是怎麼起家的？我們看不到這些人的信心有多強，願力有多大，持戒有多嚴，多能捨他們的委曲感、罪惡感和惡念，多能忍。他們的信、願、捨、戒、忍，是什麼樣的品質和內容啊！

四十八、問：為什麼我們不相信「作善獲福、為惡受殃」這最基本的因緣果報？

◎答：

我們的嫉妒心、瞋恚心讓我們絕對不承認這個事實，讓我們看不到別人的優點，看到的都是別人的惡，最多說一句「他靠的是運氣！我倒霉！」又因爲「我善」嘛！這個憍慢邪見已經讓我們眼盲、心盲，不能相信了。一念「我善」，就一定要推翻佛陀在《未曾有說因緣經》中開示的「作善獲福、爲惡受殃」的眞理。

如果我這麼善，還要覺悟什麼？還要佛陀做什麼？還要善友、善知識做什麼？那麼還何必發願？爲什麼還要持戒？我自己就是善法的代表，還要於佛法深生信心？如果佛法僧都不要，那怎麼歸依三寶？自心把門都關死了，沒救了，佛陀想疼都疼不上了。不歸依三寶，怎麼能不倒霉？所以寧可去算命看相，去找小神壇，去歸依外道邪師。

但正是因爲我惡，才需要佛陀啊！因爲只有佛陀能告訴我，怎麼由惡轉善！由惡轉善，就是由苦轉樂！

爲什麼佛陀一再說以「十善戒法」教化天下，功德無量？因爲「十善法戒」是救拔眾生轉惡爲善，轉苦爲樂的大神通力。我們隨時陷在憍慢邪見、瞋恚、嫉妒的三惡裡，不能自見，也不能承認，還說我善、我善，拒絕被教、被化、被轉，那「十善戒法」也不必受持了。

持不上「十善法戒」，就不能轉惡爲善，就不能轉苦爲樂，永遠出離不了十惡、八苦。

四十九、問：為什麼我一受到別人的批評，心裏就會起瞋恚？

◎答：

那是因爲我們早已給那些批評我們的人以及他們的批評定了性。我們先已認定這些人故意傷毀我，他們的批評對我定有傷毀。

「傷毀」即是惡，因此我面對的是「惡人和惡事」。反擊的方式是：一，以憍慢來漠視他們的惡；若不靈就：二，以瞋恚來抗擊他們的惡。

於是我們便跌入了一個惡性互動的漩渦，漩到了底，就是地獄。

爲什麼我們一定要把別人對我們的批評和批評的人，定性爲惡人惡事呢？因爲

第四十九問

別人的心一定不會比我的心好到哪兒去。而我們向來對別人的看法和批評，不管是表達出來的，或是藏在心裡的，又何嘗有過什麼善意呢？

五十、問：

怎麼樣才能使我的心不再纏繞在「他惡我善，他樂我苦」中呢？

◎答：

既然我那麼肯定自己是善的，我善在哪兒？善是因爲能夠惠利，如果不能惠利而說善，誰都可以說自己是善人。那麼我惠利了誰？是惠利了別人？還是惠利了自己？有沒有人承認接受到了我的惠利？假如連我自己都沒有受到惠利，那我必定不善，必定是惡。

我們想惠利別人的心，是我們的善，會給我們帶來力感和快樂；我們對別人的瞋恚、嫉妒、憍慢，一定會給我們帶來苦，因爲「善有善報、惡有惡報」，「作善獲福、爲惡受殃」。

如果我們惠利不到別人，也惠利不到自己，罪惡感很大，當罪惡感頂不住的時候，委曲感就更大了，就更要去怪別人了：「不是我不善，是別人不允許我善！」那糟糕了，連爲善都要別人允許的話，我們眞是慘透了！

別人不許我爲善，別人不許我快樂，別人一定要我作惡，別人一定要我受苦，那怎麼辦？那不就投降了嗎？投降了，不就下地獄了嗎？

「他惡」使我瞋恚，「我善」是我的憍慢，「他樂」令我嫉妒，「我苦」使我委曲。如是憍慢邪見、瞋恚、嫉妒，「心中三惡元來造」，所召感的必然全是惡，客觀世界也越來越惡。

我們願意生活在這樣的客觀世界裡嗎？如果不願意，就不會再纏繞在「他惡我善，他樂我苦」中了。

五十一、問：為什麼佛陀說的「自造自受」是真理？

◎答：

如果是外面的人惡，使我苦，我的苦樂全由別人來決定，那麼別人要對我惡，我有什麼轍？

如果他不停地對我惡，我就非得不停地苦。從我們過去的經驗來看，似乎外面一向對我們是很殘酷的，一點兒仁慈也沒有，那麼我們只有永遠苦下去，而且沒有救。所以一念「因外面的惡使我苦」，就是自陷絕境。

唯一解決的辦法，就是相信佛陀說的「自造自受」。

佛陀告訴我們，要相信並同時要去取証：「如果我不惡，我絕對不苦；我之所以苦，一定是因爲我惡」。

然後去找到自己的惡，把惡根拔掉，就沒有苦了，這是佛陀的保證。但我們得要去做，做到了，就知道佛陀說的是眞理，自己相信的是錯誤顚倒的。

如果我們不相信它，也不願去爲它取証，永遠只相信「是外面的惡，導致我的苦」。那我們永遠沒有辦法解苦，沒有辦法離苦，也沒有辦法免苦。因爲我們把自救的門給堵死了。

五十二、問：

常聽說「福薄善淺」這句話，為什麼會「福薄」呢？

◎答：

「福薄」的因是「善淺」。

「善淺」的因是不曾修善。

「不修善」的因是什麼呢？「不修善」的因是未能止惡。

「未止惡」的因是什麼呢？「未止惡」的因是不識惡。

「不識惡」的因是什麼呢？「不識惡」的因是不知苦。

第五十二問

五十三、問：

我什麼時候才會和佛陀所說的真理「世間皆苦」和「自造自受」相應而且生信呢？要做到什麼樣地步才算真正相應，才算真正生信呢？

◎答：

很簡單，只要我們對那些所謂「日子混得比我強」的人，沒有了嫉妒心和羨慕心；只要我們對那些「日子混得不如我」的人，不再有嗔惱嫌惡之心時，就算眞實相應，深生信心了。

到那時，如能對我們過去所起的種種嫉妒、嗔恚之心起大怖畏，並發起深切慚愧懺悔，就是我們歸依上三寶，離苦得樂的時候了。

五十四、問：

一個隨時手握刀柄，為善無力，作惡有力的人，如何能放下屠刀，立地向佛？（編者按：問這個問題的朋友，黑道出身，過去是小頭目，而今改過，發心學佛。）

◎答：

以自心願力，迴一念善，依止佛陀的慈悲智慧，誠實勇敢地慚愧、懺悔，對自心下刀，割除惡根，即時能轉化提升，脫胎換骨。此時，示現在人們面前的是另一個人，是那個能以誠實和勇敢爲力感的動因，以見惡、除惡、轉惡成善爲力感的體現，止惡有力，爲善有力的佛子，一個眞正的英雄好漢，眞正的丈夫！

五十五、問：

我不會慚愧這一法，每當我犯了錯，一慚愧就起罪惡感，怎麼辦？

◎答：

首先要相信「金無足赤，人無完人」，這就是在告訴我們，人是免不了要犯錯的。我們要想完全不犯過失，要能把一切惡業消除，非要修行到十地菩薩位時才有可能，連九地的大菩薩都是不完美的。十地菩薩接受佛陀授記灌頂後，才進入完美的境地中。九地菩薩雖然已經幾乎具足了六大神通力，都還難免犯錯。

所以犯了錯不要起罪惡感，不要起悔恨心，更何況，如何以「慚愧懺悔法」來正確對待錯誤，正是我們修行的主要課題。

願意面對自己的錯誤固然好，但如果不依正法的引導，不良的副作用會壓倒正作用，就會造大惡，產生大傷毀。這樣的慚愧不是一種精進的力量，是一種自暴自棄，是一種悔退的力量，要千萬留意這個危險的把戲，不要輕易上當受騙。如果大意的話，一瞬間就把過去修的一些善根、集得一些福田全部毀光，修行人於此不能不警惕。

也正如您所說的：「我不會慚愧懺悔這一法」。是的，在我們用慚愧懺悔這個法門時，正像菩薩入地獄，要有一定的資糧，要披上大願甲冑及六波羅蜜多的鎧甲才能下地獄、探險山，否則一進去，就立刻讓魔牽著鼻子走，一下去就出不來了。慚愧懺悔是要在善友、善知識的護念下才可以進行的，千萬不能「赤膊上陣」。

五十六、問：

俗話說：「平生不做虧心事，半夜敲門心不驚」。為什麼心會驚呢？

◎答：

自己造下罪業，擔心有人要來抓；假如罪再大，就得擔心鬼神來抓了。這正應證了《大乘大般涅槃經》二十觀中的「恆爲怨家之所追逐」，因爲有罪，才被怨家追逐。

以一九九七年台灣發生的一件轟動全島的綁票撕票案爲例（犯案人叫陳進興；被害人叫白曉燕）。陳進興在撕掉肉票後的逃亡期間，還繼續姦擄搶殺，罪上加罪。因爲罪實在太大了，以至於只要有人多看他一眼，他就擔心：那是不是線民跟蹤？只要有人跟他多說兩句話，他得擔心：那是不是警探套話？他隨時擔心被人瞧出來他就是陳進興，隨時擔心被繩之以法，分分秒秒活在大恐怖、大瞋恨中。

我們雖然沒有像陳進興那樣，拿著衝鋒槍殺人，犯下連續擄人勒索、撕票殺人的重罪，但我們被罪所逼迫的情況，也跟陳進興沒兩樣。我們也得隨時擔心別人會來傷我們，只要外面有一絲的風吹草動，就搞到風聲鶴唳、草木皆兵，乃至於疑神疑鬼、見神見鬼。

這些怨家的出現，正是提醒我們有罪業未消。如果我們繼續把它打壓覆藏起來的話，只會變成更加沉重的業力，等因緣聚足時，它就得鬧，鬧得心神不寧、鬼神不安。因此，說是鬼神在鬧，其實是過去的罪業在鬧。

所以，這些怨家正是我們的罪心所幻化出來的。假如我們好好持戒修福，真正的止惡行善，除掉心中罪源，就不再懷疑有誰要來治我們的罪、要來傷害我們，到那時，外面的怨家也就煙消雲散了。

五十七、問：

為什麼我們會感到自己的罪這麼大？

◎答：

聖雄甘地教誨我們說：「瞋恨惡法，不要瞋恨惡人」。我們奉行的卻是：「瞋恨惡人，而不瞋恨惡法」。因此，我們都不是甘地的好學生，都是天魔波旬的徒子徒孫。

當我們這麼反其道而行，對於惡法習以為常、視而不見；對於那些去攀緣惡法的惡人，卻大起瞋恨。如是引來的必然果報就是——當自己不可避免地也去攀緣惡法時，自己也就成了那個應當被千夫所指、十惡不赦的大惡棍。

我們的罪就是如是而來，如是漸成深廣，乃至如《地藏本願經》所開示的：「南閻浮提眾生，舉止動念，無不是業，無不是罪。」

第五十七問

五十八、問：當我們心中有很大的罪惡感時，該怎麼辦？

◎答：

在《維摩詰所說經．弟子品》中，維摩詰大菩薩對犯戒比丘做如是的開示：「無重增此二比丘罪，當直除滅，勿擾其心。」甘地如同維摩詰大菩薩一樣，他也不要我們用罪惡感搞自己，乃至罪上加罪、徒擾自心。

罪惡感本身就是一個惡法。凡是去攀緣罪惡感的，自己就已經是個惡人了，而罪惡感這個惡法正是傷毀法，只能達到自傷傷人、自毀毀他的後果，沒有半點惠利。

當罪惡感冒出來了以後，以心量狹劣故，一心一意地要脫罪，猶如在「地方法院」裡拼命的自我辯護、控訴別人。就算我們義正辭嚴地提出種種「自辯狀」、「控訴書」，又有誰會伏首認罪？我們能眞的判到誰的罪？能把誰關進我們的「監獄」？

其實，我們也不用去怪別人爲什麼不肯伏首認罪了，光看看我們自己，我們什麼時候會願意認罪？假如連我們這樣的「善」人都忙著賴罪，更不用說外面的惡人了。

既然沒人要伏我們的法，這下子罪更大了，如果不能把惡人繩之以法，繫之於獄，豈不是罪上加罪？以如是重罪，就把我們推進更深的活地獄。

另一方面，我們應當要瞋恨惡法、不該瞋恨惡人。因爲，惡法是「大法」，惡人是小法。如果今天是張三對不住我們，明天換成了李四，一天對付一個惡人，只能轉加繫縛，永遠解脫不了了。唯有去滅度掉惡法，才是解脫之道。

正是所謂的：「依大不依小」，則解脫；「依小不依大」，則轉加繫縛。

五十九、問：

這個應當瞋恨的惡法要靠誰來滅度呢？要靠誰來把我及一切衆生從這個惡法中救拔出來呢？

◎答：

還是得靠「我」。

如《法寶壇經》所言：「有我罪即生，亡功福無比」。這個「假我」，正是憍慢邪見、正是罪。先把那個攀緣惡法的「假我」滅度掉，才能把我及一切衆生從惡法中救拔出來，回歸依止到佛性眞我、諸佛大我——此即「眞我」。因此，只有「眞我」，才能滅度惡法、拯救惡人。

所以，絕不能去瞋恨惡人、懲治惡人，包括那個攀緣惡法的「假我」。因爲，我們還要依靠那個被「假我」覆藏住的「眞我」，來解救一切惡人。

第五十九問

為此，我們當回皈依止三寶，當立大志、發大願：而今而後，絕不輕易放過任何一個惡法，當摧滅一切邪魔外道、一切戲論之糞；而今而後，絕不再瞋恨惡人、懲治惡人，應當救拔一切受苦受難的惡人，包括自己。

六十、問：

為什麼我持不上戒，持戒的力量來自哪裏呢？

◎答：

對一般人說來，持戒的力量來自怖畏——害怕受到懲罰和傷毀。

對學佛的人來說，持戒的力量來自「信、願、捨」。

首先，對老佛爺所揭示的眞理信不信？信了，就願意依眞理得眞解脫。既然要眞解脫，就要捨棄那些束縛我們，令我們不得解脫的「濕布衣服」和包袱。

信得越誠越深，願就越大越實；願越大越實，捨得越易越淨，如是持戒的力量就越大。

六十一、問：

我為了持不上戒而苦惱，也常發出求救呼號：「佛陀救我！幫我持戒！」但還是不靈，我該怎麼辦？

◎答：

對此，我感到「愛莫能助」。因爲沒有人能幫助別人持戒，善友最多只能作到規勸提醒而已。

持戒得完全靠自己，只有監獄、勞改營、瘋人院、戒毒院，才依外力來持戒。學佛的人持戒，靠的是願力和信力。持不上戒是信力和願力出了毛病。換句話說，持不上戒是因爲沒有力量去持戒，缺少的正是信力和願力。

第六十一問

六十二、問：為什麼我會缺少持戒的願力呢？

◎答：

只有兩個可能性：一是所願不淨，二是實非所願。

什麼叫做所願不淨？就是我們不只希望依佛法開智慧，得解脫，自覺覺人，自度度人。我們心中還有些與此意願相違背、相抵消的意願，這就會使我們走三步退兩步，乃至走兩步退三步，這就叫所願不淨。

如何淨其所願？只有斷除那些和本願相違的其他訴求。

若是學佛實非我之所願，那麼我們就應當老實面對這個事實，不要爲了面子或其他理由賴在佛門中瞎混，這樣做的果報是極可怕的。

六十三、問：

願不淨是沒有信力，為什麼會缺少信力？

◎答：

只有兩種可能性：一是對佛陀所開示的眞理不全信，二是全不信。

若是不全信，則應從自身以往的經驗——自心所造所受，以及一切眾生的經驗中去認領。若是仍不能好好地認領，那麼只好在自身未來的苦行苦受中去驗證。

若是全不信，那麼只有在未來的大苦特苦中去重新體驗，重新認領。

第六十三問

六十四、問：

為什麼我對佛法無信無願呢？

◎答：

原因在於不知苦、不知怖畏。

譬如一個小孩，大人叫他不要玩刀，他不聽，非玩不可，那只好等哪天被刀傷了，才知道怕，那就一定會信了大人的話，也能初步持上戒——不再玩刀。然後他發願，一定要學會用刀而不再被刀所傷，如是他就會一直好好地聽話持戒，這就有信、有願、有戒了。

我們要誠實勇敢地重新檢視自己所信所願，千萬不要自欺，問題是一定能解決的，只是希望在解決的過程中少造些惡業，少受點苦吧！

最重要的是不要忘了，我們正是因爲不信、不願，而必須以親身未來的苦行苦受，去驗證佛陀所開示的眞理，這個苦可不能白挨、白受啊！

更要記住，沒有人能替我們立信、發願、持戒。這一些都得靠自己。苦受夠了，知道怕了，就趕快重新好好的立信、發願、持戒吧！

佛陀慈悲，他從不曾遺棄過我們，只有我們背離他的時候，只要我們肯回頭，就能得到他的垂愍哀護。但如我們堅持要往苦海深處游去，他老人家也只能無奈地跟在我們的身後，耐心地等待著我們回頭的那一刻。

六十五、問：

過去常在生氣以後，就會昏厥，學了正法以後，這個現象就慢慢減少了。我相信這就是諸佛護念，三寶加持力的具體體現，應現在我的身上，我發願修行，但什麼是修行人首先要解決的問題？

◎答：

您的這個經驗非常重要，要深刻總結這個經驗，同時也說明了，瞋恚是一股極大的傷毀力，能自傷傷人、自毀毀他。但過去，我們因不明正法，不識因果，放逸其心，故受此苦果。如今初識正法，略知因果，有了怖畏心，就持上了戒。持上戒以後，就不敢輕易犯戒，不敢放逸自己的瞋恚心。乃至能謀之於未兆，當瞋恚心將起時，立即將怒火撲熄，不讓它釀成「大火災」。

牢記：一定要聽佛陀的話，跟著三寶走；一定要持戒，而且自願自覺地持戒。

這樣，就累積了一些上路的資糧。

另外，要親近身邊認識正法的善友、善知識，從他們身上，我們將會獲得正法的指引，才可能行上修行的正路。

每個人活了這一生，都有許多自己的框框條條，譬如信條、原則等等。但說開來，都是在信「己意」，靠「己力」。信己意者，還會信佛意嗎？靠己力者，還能靠三寶加持力嗎？這都是修行人首先要解決的問題。

換句話說，一定要先搞清楚，我們到底信什麼？不信什麼？然而不識正法的人，根本上是不知道自己信什麼、不信什麼，所以是沒有辦法回答這個問題的。因此，一定要緊緊依靠善知識、善友，勤於學習佛法，正確認識、領受正法，這樣才能解決「信」的問題。解決了「信」的問題，就有足夠的資糧發實大願。如是就步上了法王夷坦道——修行者的正路。

六十六、問：

我正準備出家修道，但有件決定性的要事未辦妥，心中忐忑不安。請問黃老師，我該怎麼辦？

◎答：

應當立即慚愧、懺悔，方得諸佛護念，三寶加持。

如來名「應」，能「應」一切眾生淨心、直心相求故。

蓋一切眾生以業障深重故，心行不直，心行不直故，願不能清淨，願不淨故，戒亦不淨。

但有所作，亦皆唐捐。唯以慚愧一法，能除所障，能淨所願，則與佛之知見相應，故曰如來名「應」。

如此，就能受到老佛爺的護念。

第六十六問

六十七、問：

世間英雄難得稀有，有心之人常常望之興嘆。請問黃老師，身為凡夫的我，如何能得尊貴呢？

◎答：

因「先世罪業」故，今世不得受生豪貴尊重，但「英雄不怕出身低」，古往今來多少英雄出身輕賤，終得世間豪貴尊重！

世上有許多受生輕賤的人中，有不少人自願去領大使命，這樣就可以改變了原先輕微下賤的命運！

人的輕重貴賤是由他所處的地位來決定，而地位是由他的使命給掙來的，他的使命則是由他自己發願認領來的。

一個人只管自個兒的吃喝拉撒睡，或再兼管一家老小的吃喝拉撒睡，這樣的使命和畜牲道劃不清界線，自然是輕微下賤的。

在人道以保衛或惠利國家社稷人民百姓為使命的，才算豪貴尊重。總之，荷重擔的，得尊重；荷輕擔的，得輕賤。

天上天下有一個使命最最豪貴尊重：那就是認同眞理、捍衛眞理、弘揚眞理，並依眞理救拔一切眾生出離生死苦海的使命。這個使命不限資格、出身、學歷、經驗，不限男女老少，誰都能去認領，只要認領到這個使命的，就是最最豪貴尊重的。還得看你自己願不願意去荷擔。

六十八、問：

我已行醫三、四十年，為什麼有了這樣受人欽羨的專業，反而對自己生命的意義和價值愈來愈感到迷惘和不安？

◎答：

一百多年前，有個叫孫文的人，發願學醫去「濟世救人」，後來他老實見到，自己作為一個醫生，既濟不了世，也救不了人，只能治少數一些病罷了。因此他放棄行醫，鬧起革命來，他要借著革命運動去救中國人的心。

在他之後還有兩個人放棄行醫去搞革命，他們是魯迅和郭沫若，都成了社會進步改革運動的先行者和大人物。

反觀我們自己呢？當時雖也老實地承認做醫生無力，卻沒有像他們三位那樣，往更廣大處、更光明處行，反倒走上一條由熱情到同情到無情的窄路。

面對他們三位，我們應深起慚愧。但這也不要緊，因爲我們走過那條黑暗狹劣的路，一路上的苦行苦受，使我們要求轉向光明，終於找到了偉大的佛陀——眞正的大醫王，還有他那眞能救拔三界六道衆生於八苦之病的大乘法藥。我們終於找到比他們三位更光明廣大的道路——法王夷坦道；眞正的濟世救人之道。

對此，我們應深起感激心和幸福感。我們心中應常興起這種光明與黑暗的對比，對佛陀所開示的眞理，深植正信之根，不再去爲眼下的小是小非、小恩小怨、小惱小樂所困擾，發起大願來，對著眞理的光輝奔去。

六十九、問：

「夢」是不真實的，「詳夢」是迷信，為什麼黃老師也詳夢？

◎**答：**

「詳夢」這件事，本身沒有自性，它可以是迷信，也可以不是迷信，這要依開解人的立場而論。

在我們去開解夢之前，首先要掃清我們中國人傳統以來對夢的性質的誤解，那就是以夢爲徵兆。這種說法，只是我們對命運的無力以及對業力的盲然無知，而逼使我們去妄說凶吉禍福，徒然令我們墮落爲宿命論者。這種搞法，佛所不許。

夢是包括今世、前世和未來世的業力體現。

由於平時見不到自己的業障（若見到了就不叫業障），只在睡夢時，正意識覆藏作用的退滅，才冒現出來。所以，夢是啓示，啓示我們平時所不知、不見、不覺、的業障。我們學佛的人應正確而充分地去認領體察夢對我們的啓示，才是念念歸依佛；依佛法不依魔法去正確認領啓示，才是念念歸依法；發誓要做正信而有智的人，不做迷信而愚痴的人，才是念念歸依僧。《法寶壇經》上說：「佛乃覺也；法乃正也；僧乃淨也。」講的就是這個意思。

七十、問：

請老師為我詳一個夢：「五月三十日清晨，我夢見和您在一個好大的劇場裡看戲。戲台上有點暗，有兩個黑影，也沒有演員，看戲的人不多，老師在我右耳邊小聲地說法，說呀、說呀，鬍子紮疼了我的脖子，一下子坐起來，摸摸脖子，您不見了，有個數字『四十一、四十一』記得特別清楚，其他什麼都沒記住。」

◎答：

夢是「譬喻」。夢中的情節和人、事、物都是象徵性的，找出了象徵所代表的實際涵義，就解了夢。依我初步的分析：

「劇場」象徵著世間；

「台」是人生的舞台；

「台上的兩個黑影」，就是一切眾生看不清的「人、我」——「我」及「我所」；

「老師」象徵著自心的光明——智慧和覺性；

「看戲的人少」——眾生都忙著自己演戲，很少去觀察別人；

「鬍子紮疼了脖子」——提醒我們如果太執著於形象和語言，則聽不進法。

「四十一」很難解，後來我想到《四十二章經》的第四十一章：「佛言：『夫爲道者，如牛負重，行深泥中，疲極，不敢左右顧視。出離淤泥，乃可蘇息。沙門當觀：情欲甚於淤泥。直心念道，可免苦矣。』」

似乎「情欲」——餓鬼愛——怨詐親者，是你目前頂上的大關卡。也許這就是自心的覺性，在夢中向自己發出的提示吧！

你對這個分析，還滿意嗎？

七十一、問：

夢見師父在說法，我警告閑人不得擅入，但有個人非要闖進去，我一急，拳頭已經出去了，驚醒過來，發現自己正在用拳頭打著床沿。此夢不知是何啓示？

◎答：

你見師父說法，而主動出來維持法會秩序和安寧，當然是在「護法」，這本是你一向的心願。

我認爲這個夢的啓示，至少有兩個要點：

一，護法而不聽法。

這反映出你自己目前心中的矛盾，是學法呢？還是護法呢？兩者相較，當然是學法強，但學法要願、要捨、要戒，一時又作不到，還是護法吧，護法優爲之。

只是光是護法又心有不甘，怎麼辦呢？

二，護法而不護戒。

護法心切，心一急就犯了戒。想想，你為的是維護法會的秩序和安寧，把人給揍了，別人還會不大吵大鬧嗎？這裡提醒我們一件事：要想護法，必須先護戒，犯了戒就毀了法。

不只要護戒，還要有些善巧方便：譬如說，先好言相勸，勸不住，就多找幾個人一同來攔，攔不住，沖上去抱住他，也比用拳頭對付他強點兒吧？

這反映出過去我們好施暴力（傷毀）的餘業未消，戒又持不住，隨時隨地一不小心，就會踏在「地雷」上。

這必須好好作慚愧懺悔的功課，作得越徹底，業障就消滅得越乾淨，這叫「挖地雷」。

但在地雷完全挖除之前，一定要持戒，否則危險！危險！

七十二、問：

黃老師，我作了兩個好長的夢，簡略地寫下來：

第一個夢：我來到一個滿地開遍了鮮花的地方，突然間出現了一個小屋，我不由自主地走了進去，展現在眼簾下是一尊玉雕的觀音菩薩，面向著西，旁邊也開滿了同樣的鮮花。第二個夢：電話鈴響了，我一接聽是小女兒的聲音，她說：「媽媽，好奇怪，我給你買的生日蛋糕，一切開，裡面有一尊佛，坐在蓮花上。我想吃，但是看到佛，我不敢下手」。

請問老師，這兩個夢，有什麼啓示呢？

◎答：

我認爲你的兩個夢有一個共同的啓示：提醒我們要「於相離相」。美麗的鮮花會凋萎，玉雕的菩薩會破碎，蛋糕也不是蛋糕，那悶在蛋糕裡的佛像，又會是真佛嗎？

《金剛經》中分明言道：「凡所有相，皆是虛妄，若見諸相非相，即見如來。」又說：「不可以身相見如來。」又說：「若以色見我，以音聲求我，是人行邪道，不能見如來。」

爲什麼我們的心老還是喜歡去於相住相著相呢？這樣何時才能見佛呀？

《金剛經》上要求我們：「不應住色生心，不應住聲香味觸法生心，應無所住而生其心。」又說不可住「我相、人相、衆生相、壽者相」。其中所謂的「壽者相」指的是天、神、阿羅漢、辟支佛、菩薩和佛。

七十三、問：

請黃老師為我詳夢。夢中「好像是一個秋高氣爽的日子，我送黃老師回某地。行至一條清溪邊，忽見一條魚跳出了水面，魚尾是五彩色的，我忙著對您說，這叫孔雀魚，因為牠的尾巴像孔雀尾巴那麼多彩，是一種熱帶魚……此時黃老師已越過小溪，來到了一座橋邊。我連忙把要說的話咽回去，也趕緊來到橋邊。一看，原來是兩條並排著的繩索橋。您還是未曾一語，就上了右邊的繩橋，我卻上了左邊的橋，繩子很粗，就這樣腳踩手攀地和您一起向前走，過著橋。不知什麼時候，您已過了橋，站在一塊大石頭上，好像在等我，我加緊走了幾步，剛剛一過橋，夢就醒了」。

◎答：

關於五彩尾巴的孔雀魚一節，反映了你是一個希望很快能分辨是非、善惡、好歹的人。這種性格有優點也有缺失。

關於上橋一節，反映出你目前學佛的心態。你見到我一上橋，就趕快上了旁邊的那道橋。

這反映出你目前的想法是：咱們不一定要拉著手一齊走，我自有我精進的辦法和途徑，但都是朝著同一個方向，並行不悖的，而且要跨越的也是同一條煩惱大河，要行至的也是同一個彼岸。

總之，我雖有自己前進的道路，但我要保持方向及步調的一致性和正確性。

七十四、問：

我們的知見覺是真理嗎？

◎答：

首先我們應老實承認，我們至今經常是處在不知、不見、不覺的黑暗中，而所知、所見、所覺必定全都是妄知、妄見、妄覺。

因為我們的知見覺，全靠自己的眼、耳、鼻、舌、身五種感官，我們一死，五種感官全壞。因此，我們所知見覺的，絕不可能是眞理，因爲眞理必須是永恆不變不壞的，如何能用隨時可變可壞的，去認識那永恆不變不壞的呢？

第七十四問

七十五、問：

怎麼才能正知、正見、正覺？

◎答：

須知，能正知、正見、正覺的，絕不是隨時可變可壞的眼耳鼻舌身，它是心能覺悟的作用，叫作覺性，又叫佛性。

心並不靠眼耳鼻舌身才起作用，我們睡著時都在不斷地作夢，就是明證。

心之所以不能正知、正見、正覺，有兩個原因：

一、是意識中存留的障礙——業障；

二、是通過五種感官所受到的限制和扭曲。

除去業障的心，不再去依靠五種感官，才能發揮正知、正見、正覺的作用，這就是自心覺性（佛性）的體現。

七十六、問：

正知、正見、正覺的對象是什麼？

◎答：

一、一切人事物不斷的生生滅滅，以及生滅互為因果綿亙不斷的互動關係。

二、永恆不變不壞的眞理。

第七十六問

七十七、問：在每個人事物上都能應驗的法，就是「真理」嗎？這些法都「究竟」嗎？

◎答：

依世間法來說，任何放諸四海（世間）皆準，在一切人事物上都能應驗的法，可算是「眞理」，但卻不「究竟」。

爲什麼呢？因爲還是「相對眞理」，故不得究竟。

爲什麼說是相對眞理呢？

因爲有造者、受者故；有因有果故；有本有末故；有生有滅故。

因爲造受相對存在故；因果相對存在故；本末相對存在故；生滅相對存在故。

所以說它是不究竟的相對眞理。

只有「絕對眞理」才是究竟。

第七十七問

七十八、問：

怎麼才叫「絕對真理」？

◎答：

《大乘大集地藏十輪經》中說：「無有自在，依他而立，繫屬眾緣。」這就是「相對」的定義。因此「絕對」者，是自立自在之法；是不繫屬眾緣之法；是不依他而立之法。《維摩詰所說經》上說：「法無有比，無相待故；法不屬因，不在緣故。」

《妙法蓮華經》中說：「唯佛與佛，乃能究竟諸法實相。所謂：諸法如是相、如是性、如是體、如是力、如是作；如是因、如是緣、如是果、如是報；如是本末、究竟等。」

故知，直到我們能窮盡一切相性體力作；一切因緣果報；一切本末，方得究竟。

離一切因果法，窮一切因果法之本末，方得究竟。

究竟者，方可名爲絕對眞理，又名諸法實相，又名第一義空。

七十九、問：

我們都相信「眼見為實，耳聽為憑」才科學，凡是不能親自觀察、感受、驗證的一切，都「不科學」，都是迷信，這樣理解對嗎？

◎答：

如果是這樣的話，科學的生命也完蛋了。

科學家主要的努力，正是通過已知的一切，去觀察、感受、識別、驗證未知的，也經常以兩種對立的未知來互相比證，進行認識。

$E=MC^2$到今天爲止，絕大多數的科學家還不能盡解其義，卻不能以此反證愛因斯坦不是最偉大的科學家。

183 第七十九問

八十、問：

我非常想學佛，您的書，我也每一本都讀過，但還有很多地方領悟不過來，看不懂、想不通，當然也一時不能完全相信佛陀說的就是真理，怎麼辦呢？

◎答：

《妙法蓮華經》一開頭就揭示諸佛世尊出現於世的因緣，就是要爲眾生開佛知見，示佛知見，並令眾生悟佛知見，入佛知見道。如果佛陀或善知識爲我們開啓「佛之知見」，示現佛的看法、說法，我們便須努力去領悟這佛陀的知見，並口念心行地行入佛的立場和觀點中，去印證佛陀的知見是最究竟的眞理。

至於我們怎樣去接受它和相信它，全靠我們如何去觀察、檢視、認領自己過去以及一切眾生造業受報的事實，以此去印證佛陀的說法和看法。這一段心路歷程非得自己走過才行，別人是無論如何也取代不了的。

這個過程可長可短，完全靠我們的願力來觀察、檢視、認領，努力愈大，成就愈快，否則再來個百劫千生也不足奇。

八十一、問：請黃老師舉一近代學佛人的身教，作為我們索求真理的榜樣？

◎答：

這樣的人是有的，例如清末民初的梁啓超。

梁啓超不只是一個有良心的政治家，一個有思想的高等知識份子，他更是一個學佛者，而且還是一個相當不錯的學佛者。

梁啓超在整個十九世紀末葉特別是二十世紀的上半，對中國思想界影響之深，罕有人出其右者，但他一生的主張，卻激烈地改變過好幾次，最早時他有濃厚的驅滿思想，後在他的老師康南海的指引下，主張扶植滿洲王室朝廷的維新派，進行變法改革。「百日維新」失敗之後，他見到乃師爲了堅持「保皇」而與最差勁的封建反動復古派同流合污，因而跟革命黨人對立成死敵，於是他又轉過來贊成革命，推翻滿清……。這些變化他用一句話總持：「不惜以今日之我與昨日之我爲敵。」

這句話，當然也可以被非難他的人看做是一個沒有原則、立場的投機者，隨波逐流的遮羞布。但卻絕少有人這麼非難指責過他。爲什麼？

梁任公是以一個佛子認同眞理的赤誠心，去修這「自我否定」的功夫。爲堅持眞理而進行自我否定，正是佛門的「有慚有愧」。經上說慚愧是捍衛眞理的「鎧甲」。堅持這個立場，比堅持任何立場都更重要得多，因爲唯此立場至高、至大、至正。

面對眞理，敢於自我否定的人，必須有足夠的誠實和勇氣，如是才能望梁任公項背，方有對眞理的擔待。這是一切「索求眞理」的人必備的品質。

八十二、問：

我一直想把佛教音樂作一番創新，擺脫漢傳佛樂的傳統巢臼，不知這樣是不是如法？因為佛法是不可以現代化的，是嗎？

◎答：

是的，如果我們把佛陀的身教和言教，當作眞理看待的話，眞理必須能放諸十方三世皆準；眞理必須能打破一切時間空間的界限，才能叫作眞理。如果因時過境遷，而不再有效，必須經過「本土化」或「現代化」的修正妥協，那就是經不起時空的考驗，那還能把它叫作眞理嗎？

這本土化、現代化的說法，就是謗經毀法，極可怕的罪業。

但是，漢傳佛樂卻算不上是什麼眞理，當年佛法西來漢地，主要只是文字的部份，根本沒有樂譜。至於樂器的製造及操運方法，恐怕也沒有傳來。

因此漢傳佛樂，只是古代漢人依自己的品味格調，自創出來的一套音樂，它是古代漢文化的一部份，經過歷代的沿革，和近代史上一波波的文化革新運動，現代漢人早已不活在古代漢文化中了。因此，漢傳佛樂也到了非改革不可的地步。

對於您的豪情創意，我除了大聲讚嘆之餘，還想跟您提一點外行的建議，請您包容：就是漢傳佛樂中的「晨鐘暮鼓」、「青磬紅魚」的情調還是很能激發感動人心的，可能是漢傳佛樂中最可珍視的一部份，您說是嗎？

八十三、問：

《大般涅槃經》中，佛說偈言：「不見，善不作，唯見，惡可作……云何見所作？云何得善法？」其中，「見所作」是何義？與修行何關？

◎答：

「見所作」即是「得善法」，不見所作，只得惡法。

惠能大師一再教誨我們：「於一切時中，念念自見。」又說：「念念自見，不失本念。」

又說：「法即一種，見有遲疾。」又說：「努力自見莫悠悠」。

我常對人說，把一切佛法總持成一個字，就是「見」，兩個字，就是「認領」。

這「見所作」，是自淨其意的三個步驟：見業、消業、除障的第一步。它本身就包含了知苦、怖畏、厭離以及慚愧的一部分，這正是具體修行的內容。

八十四、問：

請再開示這個「見」是什麼意思？

◎答：

去「見」就是去觀察、檢視、認領。譬如當我們願意誠實勇敢地面對我們自個兒的苦，就是初步的見苦。但倘若我們只願見自己目前的個人情緒感受，自然見不深；若我們只願見自己或身邊所繫念的少數幾個人，自然見不廣，這時要趁勝追擊。

所謂「趁勝追擊」，就是要把自個兒「受苦」的體驗擴大提昇。

如何「擴大」？把個人的體驗拿來跟一切眾生所行所受來對照，就是擴大。如何「提昇」？拿自己和一切眾生的所行所受，來和佛陀所揭示的基本眞理（佛法ABCD——A世間皆苦；B自造自受；C有慚有愧；D離苦得樂）驗證一下，看看是不是都是一個樣兒，有沒有例外？這樣作就叫提昇。

如是不斷擴大提昇地去觀察、檢視、認領，就是佛法中的「見」。

八十五、問：

什麼叫「發菩提心」？

◎答：

菩提（梵文，Bodhi）者，覺悟也。

開啓自心的覺悟能力，讓自心放出覺性的光芒，叫「發菩提心」，又叫「發明心地」。

簡而言之，「發菩提心」即是要求自己和一切人、事、物互動時，都要有所覺悟，都要以高度的覺性，在正知、正見、正覺的情況下互動。也就是，隨時隨地，請佛出世、請佛上堂、請佛昇座、請佛說法。

195 第八十五問

八十六、問：什麼是「心」？

◎答：

簡單地說，佛教講的心，是指中心的「心」。也就是以心念（心意識種子）為圓心、為定點，以心所欲求、關懷、思維、攀緣、排斥、分別、計較的一切為半徑，劃一個圓周，這就是我們「心」的範圍和內涵，這個圓周的中心就是「心」。圓周內就是心之所欲、心之所念、心之所行、心之所至。

因此，這個「心」的內涵，與本體的「我及我所」，是同義詞。

第八十六問

八十七、問：

「平常心」這三個字，人人都掛在嘴邊，到底「平常心」是指什麼？

◎答：

「平常心」是指平等而且眞常之心。「眞常」的定義，是指常住無有變異，即是永恆，永恆故眞。所以平常心指的是眞平等心，也就是於一切時、一切處、與一切人事物互動時，能起正等正覺之心，這又叫「眞如心」。

這個「平常心」，這個「眞如心」，又叫諸佛本心，也就是一切眾生本具又迷失掉的「本心」。但近些年來，很多人都愛用「平常心」這個專有名詞。有些人在受到挫敗、批評時就說：「用平常心待之」。

更有甚者，將「平常心」的定義解釋成是：「洗碗掃地的心」！殊勝的佛法就是毀在這種可怕的「庸俗化」之下，這是一個很明顯的例子。學習佛法的人豈能不深自警惕之？

八十八、問：

常聽您說「感激心」，到底指的是什麼？

◎答：

所謂「感激心」是指能夠感受並被激發而動的心。

當然，此心若麻木不仁，則屬行尸走肉，死驢死狗，那就一切免談。

其次要看我們這個心常受什麼法的激發，又如何而動。

佛門對感激心的要求是：此心常受眞理的感召，受大慈大悲的激勵，而如法修行，消業除障，破執解縛，發明心地。

佛法中的感激心是以慚愧心爲基礎的，而慚愧心的先決條件是知苦、怖畏、厭捨、出離。

佛經中常用十二個字來形容諸弟子於聽聞世尊說法開示後的感激，那就是：

「涕淚悲泣，歡喜踴躍，得未曾有。」

八十九、問：

如何「念佛」？

◎答：

「念佛」就是念「歸依佛」，我們念「歸依佛」時，心要歸依佛的十個稱號（應，正等覺、明行圓滿、善逝、世間解、無上丈夫、調御士、天人師、佛、世尊），是名念佛。否則口唸佛號，心無所歸依處，如《法寶壇經》中所云：「若言歸依佛，佛在何處。若不見佛，憑何所歸，言卻成妄。」

因此念佛名號時，心中要思維義，想著佛有什麼樣的功德力，什麼樣的大願力？這才是眞正的「念佛法門」，又叫般舟三昧（PRATYUTPANNA SAMADHI），又叫念佛三昧。

念佛，不需要稱某一佛，因爲十方三世諸佛同此十個稱號。如此念佛，方便引領衆生見到如來的眞實義；如此念佛，謂有功德，因爲能不斷地清晰我們的目標——回歸依止佛。

九十、問：

為什麼提問題這麼難？我就是提不出問題來。

◎答：

有五個嚴重的障礙要克服，才能提得出問題。

一、全世界各地的華人都有一個特徵，就是自保和矜持，認為在公開場合提問題是自我表現，喜歡出風頭。因為誰都怕背這個黑鍋，所以有問題也不問，並不是沒有疑問。

二、自保心態在作祟，怕問題問得幼稚粗淺，一旦暴露出來，會漏餡兒，落人笑柄；如果不發問，誰也不知我內心的深淺。因此，有問題也不問，不是沒有問題。

三、怕問題提得太尖銳，得罪說法人，或其他人，惹人不高興，失寵於說法人。

四、以排斥心來聽法，用己意來聽法，也就是挑挑揀揀的聽法——這個要，那個不要；這和我有關，那與我無關；這個有用，那個沒有用；凡是不能肯定自己的法，不聽；凡是不能否定別人的法，不聽。這種「各盡所能，各取所需」的聽法心態，當然無法問難。

《佛說四十二章經》中說：「佛所說法，皆應信順。譬如食蜜，中邊皆甜。」佛法豈容得被我們這樣挑揀啊！

五、沒有養成深心思維義的習慣，用膚淺粗糙的心來聽法。

九十一、問：

我非常喜歡黃老師回答的關於「怯於問難」的五個原因，但是也有人很喜歡亂問問題，那又該如何去克服呢？

◎答：

「亂於問難」有四大障礙，也需要一一去克服：

一、喜歡表現自己，或否定別人，東問西問，大發謬論，借別人的酒杯澆自己的塊壘。

二、為了對說法者表示親蜜，並和說法者建立一種特殊的私人溝通渠道。

三、為了要求認可，非要聽到自己想聽的或認為對的話，一直亂問。

四、同一個問題，連問三次以上，表示沒有問難的誠意，只想借著發問，發洩自己的情緒，並進一步抱怨、譴責、控訴、否定別人。

九十二、問：

我心中常問：「以何因緣我們這麼幸運，能在末法時期遇到正法、學習正法？」

◎答：

唯一的答案是：我等累世以來種諸善因，結諸善緣，方能於此正法將滅盡之時，能得聞正法。

反過來看，也正是無始劫來的惡因、惡緣，才令我們空過許多佛世及佛陀的正法時期，以致到如今這末法時期，才開始正式依佛法而修學。

209 第九十二問

九十三、問：

那我們曾種過什麼「善因」？結了什麼「善緣」？

◎答：

我們每一生、每一世所訴求的是眞、善、美。心中抱著對眞、善、美的訴求，而作過的一些「善」，結了「善緣」。

而這個「善」？就是希望對己對人無傷毀，而有惠利，因而作出的種種事業。

這就是我們累世以來所種的善因，所結的善緣。

九十四、問：那麼正法時期我們又是在哪兒呢？為什麼沒有聽佛說法？

◎答：

以無始劫來我們種了「顛倒」的惡因，於無常、無樂、無我、無淨中橫計常、樂、我、淨。

還不斷地欲樂、攀緣著一切無常、無樂、無我、無淨的小法，誤認這些小法可以帶給我們常、樂、我、淨。

但一切小法皆是惡法；皆是無常、無樂、無我、無淨之法；皆是不傷自傷，不毀自毀之法，以其傷毀而無惠利，故是「惡」。

換句話說，無常、無樂、無我、無淨之法即是「假、惡、醜」之法。

如是種了「顛倒」的惡因，結了「欲樂小法」的惡緣，故令我們空過諸佛及諸佛正法時期。

我們雖然空過了諸佛及諸佛正法時期，但以我們自心從未眞正放棄過追求眞、善、美的本願，並且還因此做出了一些善業，使我們又可以與正法之緣續上，今世還能得聞正法。

九十五、問：

什麼是生命的價值？

◎答：

生命的價值是「眞、善、美」。

什麼是眞善美？每個人不都要求眞愛、眞自由、眞和平、眞幸福、眞快樂嗎？如果愛、自由、和平、幸福和快樂是「眞」的，那麼就是眞善美。

既然眞善美是每一個人的要求，爲什麼我們總覺得是活在一個「假惡醜」的世界中呢？

是不是眞善美不可能求得到呢？

若根本求不到，則不是眞的，既不眞，只能是僞善和臭美。

人們不再相信眞善美的存在，眞是人類的大悲劇！其實，眞善美是有的，人們得不到它們，是有原因的。因爲我們自心不眞、不善、不美。

首先，我們常不願自己和別人見到眞實，因爲我們老以爲眞理有傷，謊言無害，所以我們好說謊，喜歡欺誤覆藏。既然我們不要眞，得到的當然全是假的！

其次，我們自私、冷漠、慳貪、好鬥，甚至還常起瞋恨酬害的心思。我們老認爲當善人，做好事是吃虧、是蠢、是窩囊。我們不只不要善，還以自己的惡心，與一切人、事、物惡性互動，把一切人、事、物，都變成是惡的，結果是惡人活在惡世界中。

第三，由於我們懈怠、懶散，常忘記自己原來對生命「美好」的願望，胡亂妥協，以致到後來，放棄了美好，於是便活在醜陋的世界中，甚至覺得自己也是一個言語無味，面目可憎的人。

換句話說，如果我們自己的心不眞、不善、不美，我們就只能與假惡醜去互動，只能感受到假惡醜，只能活在假惡醜的世界中。

反之，只有我們自己的心變得更眞、更善、更美，才有資格活在眞善美的世界中，生命才會有價値、有意義。

九十六、問：

人為什麼活著？

◎答：

人大致可分四種，他們活著的理由不一樣：

第一種人爲了怕死而活著，所以他們只是爲了活著而活著。這種人活著好比「行屍走肉」。

第二種人爲了眼前一些小小的「享受」或短暫的快樂而活著，叫「醉生夢死」。

第三種人爲了找尋生命的價值和意義而活著，比前面兩種人好，但仍活在迷惑、惶恐之中，有時也難免自欺覆藏。

第四種人找到了生命眞實的價值和生活的意義，他們活著就是要體現生命的眞實價值，他們每天活著都很有意義。

九十七、問：

常聽人說：「有志者事竟成」，但多數人「少懷大志」，後來也都向「現實」屈服。連發願想在世間有所成就都這麼難，那麼發大願去學佛、追求真理，真的能成就嗎？

◎答：

我們先來看看什麼是願——

願，是一個人心之所欲，心之所樂，心之嚮往；

願，是一個人未來生命的目的，每天生活的導向；

願，標示了一個人生命的價值和生活的意義；

願，是每個人的主觀能動力之所在。

有了願，未必能實現。這是許多人不肯發大願的原因，爲的是怕承受挫折、失望、幻滅的痛苦。

但若沒有願，混得好，也不過混個「醉生夢死」；混不好，只能「行屍走肉」地活著。

然而在佛法中，只要一個人所發起的願是正確的，就一定能達成。所謂的正願就是：

凡是佛陀所示現能辦到的，如果也是我們眞正的願望，那就是正願，就一定能達成！

九十八、問：

如何能達成我們的正願呢？

◎答：

首先要誠實勇敢地檢視：我們是否眞的發了正願、大願？如果我們只祈願受到佛菩薩乃至鬼神的默許和承諾，以滿足個人的慳貪心和自私自利心，這樣就和正願扯不上關係，因此，暫時也談不上正願成就或不成就的問題。

第九十八問

九十九、問：

那麼，如果我們真的發下了正願、大願，我們的願就一定能成就嗎？

◎答：

只要堅持本願，沒有不成就的。

我們若發過正願，卻無成就的話，只有兩種可能——

一、還沒摸對路，還沒有能好好地掌握到正法。「法」就是竅門、方法和途徑。孫先生都說「革命尚未成功，同志仍須努力」，故知，只要堅持不懈，不斷正確地總結失敗經驗，重新出發、再出發，遲早會遇到真正的善知識、善友帶我們進入正法之門。既入正法之門，只要老實依正法的次第修行，保證成就。

二、雖也曾發過正願，但因沒摸對路，幾次碰壁跌跤，便洩了氣，一洩氣便放棄了本願。本願既已不存，就談不上本願的達成與否。很不幸，這正是目前多數曾發正願的朋友們共同的悲劇。

總之，我們還是回到原點，再度強調：只要堅持本願，沒有不達成的！即使曾經放棄過，還可以重新再發願，再堅持下去，定會成功。

一百、問：修行的先決條件是什麼？

◎答：

修行的先決條件一是止惡，二是發大願，三是親近善知識、善友。

所謂止惡，分三個步驟：

一、要出離一闡提性，一闡提是斷盡一切善根的惡眾生，比地獄眾生還慘，下了地獄很難爬出來，他們的特徵是A、不信來世，B、不畏因果，C、無慚無愧，D、善根斷盡，E、毀謗大乘。

二、要出離「三惡趣性」，就是不能踏上分別→對立→排斥→計較→猜疑→嫉妒→爭鬥→瞋恨→仇害的地獄之旅。

三、要出離五種惡見，就是身見——邊見——邪見——見取見——戒禁取見。

所謂大願可分三個層次來講。

一、是發願出離世間的一切苦（果）以及世間的一切惡（招苦的因）。

二、發誓要依眞理才能得到眞的出離和解脫。

三、發誓要依眞理救拔一切眾生出離解脫一切苦和一切惡。

所謂親近善知識、善友，就是首先不能懷疑他們的善意；二是不能跟他們惡性互動；三是充份依止他們的幫助。

具備了這三個條件，就開始踏上修行的正路了。

簡介「東山文集」

黃勝常老師從一九九三年到二零零一年，共出版了十六本有關修學佛法的書，現收編爲「東山文集」。

這十六本書是：

一《優曇鉢花再現》
二《爲什麼不問爲什麼》
三《撥開雲霧—問難一》
四《歸途的路燈—問難二》
五《打破枷鎖—問難三》
六《破陣—問難四》
七《稠林盡處—問難五》
八《明心見性》
九《地藏本願經經法研探及標注》
十《用心眼看世界》

十一《用心眼看自己》
十二《地藏本願經—白話講解及地藏法門》
十三《未曾有說因緣經—白話講解及經法研探》
十四《學持戒》
十五《佛法與人生百問答》
十六《修學佛法百問答》。

計分為「黃老師解經」、「黃老師開講」、「黃老師答問」和「黃老師法語」四大類。

這套「東山文集」，已於二零零一年秋，由北京民族出版社全部出版完畢，並發行大陸各地的書店一系列銷售中。

台灣方面，則於一九九九和二零零零年，由臺南和裕出版社出版了第一到第九本書，由臺北紅螞蟻圖書公司出版了第十、第十一兩本書。二零零一年，再由臺北紅螞蟻圖書公司出版第十二到第十六書。

感謝紅螞蟻圖書公司，在極短的時間，以嚴謹的工作，緊密的配合，出版了最新的五本書，使「東山文集」順利完成。

如果您讀了這些書，有任何的疑問，可以聯絡「東山講堂臺北工作室」或「美國東山講堂」，做進一步的討論。

東山講堂臺北工作室地址：

臺北市106仁愛路四段50-21號4樓

電話：(02)2708-3272

傳眞：(02)2754-9704

E-mail:dstpe@ms27.hinet.net

美國東山講堂地址：

Dong Shan Institute

23811, 122nd Ave. E.,

Graham, WA98338

U.S.A.

電話：(360)893-8814

傳眞：(360)893-8816

E-mail:dongshaninst@msn.com

東山講堂編輯部

位於美國華盛頓州西雅圖東南郊區的東山講堂

東山講堂面對終年積雪的雲霓山

國家圖書館出版品預行編目資料

佛法與人生百問答／黃勝常著——初版——
臺北市：東山講堂，民91
面：　　公分—（東山文集：4）

ISBN 986-80086-3-8（平裝）
1.佛教—問題集
220.22　　　　91000100

東山文集004

佛法與人生百問答

作者：黃勝常
編輯：東山講堂編輯部
出版：東山講堂
地址：臺北市106仁愛路四段50-21號4樓
電話：(02)2708-3272
傳真：(02)2754-9704
E-mail：dstpe@ms27.hinet.net
郵撥帳號：18707016
戶名：劉怡孫

定價：180元
出版日期：2002年（民91）4月　第一版第一刷
總經銷：紅螞蟻圖書有限公司
地址：台北市內湖區舊宗路二段121巷28號4樓
電話：(02)2795-3656
傳真：(02)2795-4100
ISBN：986-80086-3-8